Manish Singh
Girish Kumar

Domínio da cibersegurança

Manish Singh
Girish Kumar

Domínio da cibersegurança

Dos fundamentos às técnicas avançadas

ScienciaScripts

Imprint

Cover image: www.ingimage.com

This book is a translation from the original published under ISBN 978-620-8-01216-8.

Publisher:
Sciencia Scripts
is a trademark of
Dodo Books Indian Ocean Ltd. and OmniScriptum S.R.L publishing group

120 High Road, East Finchley, London, N2 9ED, United Kingdom
Str. Armeneasca 28/1, office 1, Chisinau MD-2012, Republic of Moldova, Europe
Printed at: see last page
ISBN: 978-620-8-10044-5

Índice

SOBRE OS AUTORES

Manish Singh, um entusiasta da tecnologia e especialista em cibersegurança, criou uma carreira dinâmica baseada na educação e na experiência prática. Possui um Diploma em Cibersegurança, DCA, BCA e MCA da Lovely Professional University, Punjab, Índia. Manish está atualmente a tirar o seu doutoramento em cibersegurança, solidificando ainda mais os seus conhecimentos neste domínio.

Girish Kumar, com uma experiência de cerca de 15 anos no domínio da programação como C, C++, FORTRAN 77, java, VB6.0, VB.net, Python, C#. Também trabalhou em projectos reais baseados em Net e java com oracle, MySQL, SQL server, Sq-lite, como back-end. Mais de 15 publicações nacionais e internacionais.

RESUMO DO LIVRO

Cybersecurity Mastery From Fundamentals to Advanced Techniques é o seu guia completo para dominar o domínio em constante evolução da cibersegurança. Concebido para leitores que vão desde principiantes a profissionais experientes, este livro oferece uma abordagem estruturada e cativante para compreender e implementar princípios e práticas de cibersegurança. Num mundo em que as ameaças digitais são cada vez mais sofisticadas, a segurança da informação nunca foi tão importante. Este livro fornece um roteiro completo para quem deseja obter uma compreensão profunda da cibersegurança. Abrange conceitos fundamentais, técnicas avançadas e aplicações práticas, garantindo que os leitores estão bem equipados para se protegerem a si próprios e às suas organizações contra as ciberameaças.

O livro está dividido em secções claras e fáceis de gerir:

- **Fundamentos da cibersegurança:** Uma introdução aos conceitos-chave, à terminologia e à importância da cibersegurança.

- **Cenário de ameaças:** Uma visão geral das ciberameaças e vectores de ataque comuns.

- **Mecanismos de defesa:** Estratégias detalhadas para proteger sistemas e redes.

- **Técnicas avançadas:** Conhecimentos sobre tecnologias emergentes e práticas de segurança avançadas.

- **Aplicações no mundo real:** Conselhos práticos e estudos de casos para aplicar os conhecimentos em cenários do mundo real.

Público-alvo: Este livro foi concebido para um público diversificado, incluindo principiantes que necessitam de uma introdução sólida aos princípios básicos da cibersegurança e de orientação prática, profissionais intermédios que procuram expandir os seus conhecimentos e competências, profissionais avançados que pretendem manter-se actualizados com as técnicas mais avançadas e as tendências emergentes, e estudantes e educadores que necessitam de um livro abrangente e prático para o ensino e a aprendizagem no domínio da cibersegurança.

INTRODUÇÃO À CIBERSEGURANÇA

1.1 INTRODUÇÃO

I[st] nternet é uma das invenções mais importantes do século XXI que afectou a nossa vida. Atualmente, a Internet ultrapassou todas as barreiras e mudou a forma como falamos, jogamos, trabalhamos, fazemos compras, fazemos amigos, ouvimos música, vemos filmes, encomendamos comida, pagamos contas, cumprimentamos o nosso amigo no seu aniversário, etc. É só escolher, e temos uma aplicação para isso. A aplicação facilitou a nossa vida, tornando-a mais confortável. Longe vão os dias em que tínhamos de ficar numa longa fila para pagar as contas do telefone e da eletricidade. Agora podemos pagá-las com um simples clique de um botão a partir de casa ou do escritório. A tecnologia chegou a um ponto em que nem sequer precisamos de um computador para utilizar a Internet. Agora temos smartphones, palmtops, etc. com acesso à Internet, através dos quais podemos manter-nos ligados aos nossos amigos, família e escritório 24 horas por dia, 7 dias por semana. A Internet não só simplificou a nossa vida como também colocou muitas coisas ao alcance da classe média, tornando-as económicas. Não foi há muito tempo que, ao fazer uma chamada ISD ou mesmo uma chamada STD, os olhos se fixavam no contador de pulsações. As chamadas eram muito dispendiosas. O ISD e o STD eram utilizados apenas para transmitir mensagens urgentes e o resto da comunicação de rotina era efectuada por carta, uma vez que era relativamente muito barata. Atualmente, a Internet tornou possível não só falar, mas também utilizar a videoconferência através de aplicações populares como o skype, o gtalk, etc., a um preço muito baixo, a um nível em que uma hora de videoconferência através da Internet é mais barata do que o custo de enviar um documento de uma página de Deli para Bangalore utilizando o correio rápido ou o serviço de estafeta. Para além disso, a Internet alterou a utilização dos dispositivos típicos que utilizávamos. A televisão pode ser utilizada não só para ver programas de televisão e filmes populares, mas também para fazer chamadas ou conversar em vídeo com amigos através da Internet. O telemóvel não é utilizado apenas para fazer uma chamada, mas também para ver um filme recente. Podemos manter-nos ligados a toda a gente, independentemente da nossa localização. Os pais que trabalham no escritório podem vigiar os filhos em casa e ajudá-los nos trabalhos de casa. Um empresário pode vigiar o seu pessoal, o seu escritório, a sua loja, etc., com um simples clique num botão. A Internet facilitou a nossa vida em mais do que um sentido. Alguma vez se interrogou sobre a origem da Internet? Vamos discutir a breve história da Internet e aprender como esta foi inventada e como evoluiu de tal forma que agora não podemos pensar nas nossas vidas sem ela.

1.1.1 História da Internet

Não sei o que é que a guerra fria entre os EUA e a Rússia deu ao mundo, mas sem dúvida que a Internet é uma daquelas invenções muito úteis cujos alicerces foram lançados durante os dias da guerra fria. th Em 4 de outubro de 1957, a Rússia lançou para o espaço o primeiro satélite do mundo, o SPUTNIK. Esta foi claramente a vitória da Rússia sobre o ciberespaço e, em contrapartida, a Agência de Projectos de Investigação Avançada, o braço de investigação do Departamento de Defesa dos Estados Unidos, declarou o lançamento da ARPANET (Advanced Research Projects Agency NETwork) no início da década de 1960. Tratava-se de uma rede experimental, concebida para manter os computadores ligados a esta rede a comunicar entre si, mesmo que algum dos nós, devido a um ataque bombista, deixasse de responder. A primeira mensagem foi enviada através da ARPANET, uma rede de comutação de pacotes, pelo laboratório de Leonard Kleinrock na Universidade da Califórnia, Los Angeles (UCLA). Ficará surpreendido ao saber que a primeira mensagem enviada pela Internet foi "LO". Na realidade, a intenção era enviar o trabalho "LOGIN" e só as duas primeiras letras chegaram ao destino no segundo nó da rede, no Stanford Research Institute (SRI), e antes de as três últimas letras chegarem ao destino a rede foi abaixo devido a uma falha. O erro foi rapidamente corrigido e a mensagem foi reenviada.

A principal tarefa da ARPANET é desenvolver regras de comunicação, ou seja, protocolos para comunicar através da ARPANET. A ARPANET, em particular, levou ao desenvolvimento de protocolos para o trabalho na Internet, em que várias redes separadas podiam ser unidas numa rede de redes. O resultado foi o desenvolvimento do conjunto de protocolos TCP/IP, que especifica as regras de ligação e comunicação através da

APRANET.

Pouco depois, em 1986, foi criada a espinha dorsal da NSF (National Science Foundation) e cinco centros de computação de universidades americanas foram ligados para formar a NSFnet. As universidades participantes foram as seguintes

- Universidade de Princeton -- Centro Nacional de Supercomputadores John von Neumann, JvNC
- Universidade de Cornell -- Centro de Teoria de Cornell, CTC
- Universidade de Illinois em Urbana-Champaign -- Centro Nacional para Aplicações de Supercomputação, NCSA
- Universidade Carnegie Mellon -- Centro de Supercomputação de Pittsburgh, PSC
- General Atomics -- Centro de Supercomputação de San Diego, SDSC

A NFSnet, sucessora da ARPAnet, tornou-se popular em 1990 e a ARPANET foi desactivada. Foram desenvolvidas muitas redes paralelas por outras universidades e outros países, como o Reino Unido. Em 1965, o National Physical Laboratory (NPL) propôs uma rede de comutação de pacotes. O Michigan Educational Research Information Triad criou a rede MERIT em 1966

National Science Foundation (NSF). A França também desenvolveu uma rede de troca de pacotes, conhecida como CYCLADES, em 1973.

Agora havia muitos sistemas paralelos a trabalhar com protocolos diferentes e os cientistas estavam à procura de uma norma comum para que as redes pudessem ser interligadas. Em 1978, o protocolo TCP/IP estava pronto e, em 1983, o protocolo TCP/IP foi adotado pela ARPANET.

Em 1981, teve lugar a integração de duas grandes redes. A NFS desenvolveu a Computer Science Network (CSNET) e foi ligada à ARPANET utilizando o conjunto de protocolos TCP/IP. Agora, a rede não era apenas popular entre a comunidade de investigação, mas o sector privado também se interessou por ela. Inicialmente, a NFS suportava uma velocidade de 56 kbit/s. Foi actualizada para 1,5 Mbit/s em 1988 para facilitar o crescimento da rede, envolvendo a rede de mérito, a IBM, a MCA e o Estado do Michigan.

Depois de os copertencentes se terem apercebido da força e do mérito desta rede, participaram no desenvolvimento da rede para amadurecer os seus benefícios. No final dos anos 80, surgiram muitos fornecedores de serviços Internet (ISP) para fornecer a espinha dorsal para o transporte do tráfego da rede. Em 1991, a NFSNET estava esgotada e foi actualizada para 45Mbit/s. Muitos ISP comerciais forneciam serviços de espinha dorsal e eram populares entre as empresas. Para facilitar a utilização comercial da rede, a NFSNET foi desactivada em 1995 e agora a Internet podia transportar tráfego comercial.

Agora, cada vez mais universidades e centros de investigação em todo o mundo estão ligados a esta rede. Esta rede era muito popular entre a comunidade de investigação e, em 1991, foi fundada a National Research and Education Network (NREN) e lançada a World Wide Web. Inicialmente, o papel da Internet limitava-se apenas à transferência de ficheiros. O mérito da Internet, tal como a vemos atualmente, cabe a Tim Berners-Lee, que introduziu a www. Com o advento da www, houve uma transformação na forma como a rede era utilizada. Agora, esta teia de informação pode ser utilizada para obter qualquer informação disponível na Internet. Para navegar na Internet, foi desenvolvido um software chamado browser. Foi desenvolvido por investigadores da Universidade de Illinois em 1992 e designado por Mosaic. Este programa de navegação permite navegar na Internet da forma como o fazemos atualmente.

1.1.1.1 Endereços Internet

Com tantos dispositivos ligados à Internet, precisamos de um mecanismo para identificar de forma única cada dispositivo que está ligado à Internet. Além disso, precisamos de um mecanismo centralizado

que se encarrega deste mecanismo, de modo a que os sinais utilizados para identificar cada dispositivo não sejam duplicados; caso contrário, todo o objetivo é anulado. Para o efeito, existe uma autoridade centralizada conhecida por Internet Assigned Numbers Authority (IANA), que é responsável pela atribuição de um número único conhecido por endereço IP (Internet Protocol). Um endereço IP é um número binário de 32 bits dividido em quatro octetos e cada octeto é composto por 8 dígitos binários, separados por um ponto(.). Um exemplo de um endereço IP é

11110110.01011010.10011100.1111100

Cada 8 bits de um octeto pode ter dois valores binários, ou seja, 0 e 1. Por conseguinte, cada octeto pode ter um valor mínimo de 0, ou seja, 00000000, e um valor máximo de 256, ou seja, 11111111, e no total tem 2 =^{8}
256 combinações diferentes.

Mais uma vez, recordar este endereço de 32 bits em binário é um pouco difícil, pelo que, para melhor compreensão do ser humano, é expresso num formato decimal. Mas este formato decimal é apenas para compreensão humana e o computador compreende-o apenas em formato binário. Em decimal, o endereço IP acima é expresso como 123.45.78.125

Estes octetos são utilizados para criar e separar diferentes classes. Um endereço IP é composto por duas partes: **rede** e **anfitrião.** A parte rede identifica uma rede diferente e a parte anfitrião identifica um dispositivo de uma rede específica.

Este endereço identifica de forma única um dispositivo ligado à Internet, à semelhança do sistema postal, em que identificamos qualquer casa identificando primeiro o concelho, depois o estado, o distrito, a estação de correios, o agrupamento/bloco e, por fim, o número da casa. Estes endereços IP são classificados em cinco categorias com base na disponibilidade da gama de IP. Estas categorias/classes são:

Tabela 1: Classes de endereços IP

Class	Address range	Supports
Class A	1.0.0.1 to 126.255.255.254	Supports 16 million hosts on each of 127 networks.
Class B	128.1.0.1 to 191.255.255.254	Supports 65,000 hosts on each of 16,000 networks.
Class C	192.0.1.1 to 223.255.254.254	Supports 254 hosts on each of 2 million networks
Class D	224.0.0.0 to 239.255.255.255	Reserved for multicast groups
Class E	240.0.0.0 to 254.255.255.254	Reserved for future use, or Research and Development Purposes.

A IANA descentraliza a tarefa de atribuição de endereços IP, atribuindo uma grande quantidade de endereços IP a cinco Registos Regionais da Internet (RIR), que são responsáveis pela atribuição de endereços IP na sua zona. Esses RIRs, juntamente com sua área de atuação, são listados abaixo:

- APNIC- Este RIR é responsável por servir a região Ásia-Pacífico
- AfriNIC- Este RIR é responsável por servir a região africana
- ARIN - Este RIR é responsável por servir a América do Norte e várias ilhas das Caraíbas e do Atlântico Norte
- LACNIC - Este RIR é responsável por servir a América Latina e o Caribe, e
- RIPE NCC - Este RIR é responsável por servir a Europa, o Médio Oriente e partes da Ásia Central

Para fazer a ligação e a coordenação entre esses cinco RIRs, existe uma organização chamada Number Resource Organization (NRO).

1.1.1.2 DNS

Sempre que navegamos em qualquer sítio Web na Internet, escrevemos um nome como www.uou.ac.in e raramente lidamos com um endereço IP como 104.28.2.92, mas o facto é que mesmo que escrevamos http:\\ 104.28.2.92 no URL, seremos levados para a mesma página Web. O facto é que nos sentimos muito à vontade para utilizar e recordar os nomes em vez de um número. Além disso, estes endereços IP mudam ao longo do tempo e alguns dos sítios têm vários endereços IP. Além disso, a transferência de dados através da Internet só é possível utilizando endereços IP, porque o encaminhamento do pacote de dados enviado através da Internet é feito utilizando o endereço IP. Existe um servidor chamado Sistema de Nomes de Domínio (DNS) que se encarrega desta tarefa de tradução para simplificar e evitar que nos lembremos destes números de endereços IP variáveis, o DNS. Sempre que se escreve um endereço como http:\\www.uou.ac.in, há um processo chamado resolução de nomes DNS, que ocorre em segundo plano. O computador mantém o registo dos sítios recentemente visitados e mantém localmente uma base de dados na cache do DNS. Caso o endereço IP do sítio que solicitou não se encontre na cache DNS do seu computador local, o próximo local provável para o encontrar é o servidor DNS do seu fornecedor de serviços Internet (ISP). Estes servidores DNS do ISP também mantêm a cache das páginas visitadas recentemente. Caso a informação não seja encontrada aqui também, o servidor DNS do ISP encaminha a consulta para os servidores de nomes de raiz. Os servidores de nomes de raiz publicam o ficheiro de zona de raiz para outros servidores e clientes DNS na Internet. O ficheiro de zona de raiz descreve a localização dos servidores autorizados para os domínios de topo (TLD) do DNS. Existem atualmente 13 servidores de nomes de raiz. São eles:

- A - VeriSign Global Registry Services
- B - Universidade do Sul da Califórnia - Instituto de Ciências da Informação
- C - Comunicações Cogent
- D - Universidade de Maryland
- E - Centro de Investigação Ames da NASA
- F - Internet Systems Consortium, Inc.
- G - Centro de Informação de Rede do DOD dos EUA
- H - Laboratório de Investigação do Exército dos EUA
- I - AutónomaZNORDUnet
- J - Serviços de Registo Global da VeriSign

- K - RIPE NCC
- L - ICANN
- M - Projeto WIDE

Estes servidores de nomes de raiz direcionam a consulta para os servidores de nomes do domínio de topo (TLD) adequado, lendo primeiro a última parte do URL. No nosso exemplo, o URL era http:\\www.uou.ac.in. A última parte é .in. Alguns dos exemplos de servidores de nomes TLD são .com, .biz, .org, .us, .in, etc. Estes servidores de nomes TLD funcionam como uma central telefónica e encaminham a consulta para o servidor de nomes autorizado adequado mantido por cada domínio. Este servidor de nomes autorizado mantém registos DNS juntamente com outras informações úteis. Este registo de endereço é devolvido ao computador anfitrião requerente através dos servidores de nomes TLD, dos servidores de nomes e do servidor DNS do ISP. Estes servidores intermédios mantêm o registo deste endereço IP na sua cache DNS, de modo a que, se o mesmo pedido for novamente encontrado, não tenham de passar novamente por este processo. Se o mesmo URL for novamente solicitado, a cache DNS do computador anfitrião local devolverá o endereço IP do URL.

1.1.1.3 Infraestrutura da Internet

A Internet, como o nome sugere, é uma rede de redes, ou seja, é um conjunto de várias redes pequenas, médias e grandes. Isto indica claramente um facto: ninguém é dono único da Internet e é um dos exemplos comprovados de sucesso colaborativo. Agora deve estar surpreendido com o facto de uma rede tão grande, espalhada por todos os continentes, poder funcionar sem qualquer problema. Sim, é verdade que, para controlar uma rede tão grande, é necessário um organismo internacional que possa definir as regras, os regulamentos e os protocolos para aderir e utilizar esta rede. Por isso, em 1992, foi criada uma organização internacional, conhecida como "The Internet Society", para tratar destas questões.

Vamos agora discutir como é que a Internet funciona? Como é que o correio eletrónico que enviou ao seu amigo é recebido pelo computador do seu amigo situado noutro país/continente. Quando está a trabalhar no seu computador portátil/desktop em casa sem se ligar à Internet, o seu computador é um sistema autónomo. Mas, sempre que se liga à Internet através de uma ligação ao seu fornecedor de serviços Internet (ISP) utilizando o modem, passa a fazer parte da rede. O ISP é o elo de ligação entre a espinha dorsal da Internet, através da qual todos os dados circulam, e o utilizador. O ISP liga-se à espinha dorsal da Internet em pontos de acesso à rede (NAP). Estes NAPs são fornecidos pelas grandes empresas de telecomunicações em várias regiões. Estas grandes empresas de telecomunicações ligam os países e os continentes através da construção e manutenção de uma grande infraestrutura de base para encaminhar os dados de NAP para NAP. Os ISP estão ligados a esta espinha dorsal no PAN e são responsáveis pela construção e gestão da rede a nível local. Assim, quando se liga à Internet através de um modem, começa-se a fazer parte do ISP local, que, por sua vez, se liga à espinha dorsal da Internet através do NAP. Os dados são encaminhados através desta espinha dorsal e enviados para o NAP de destino, onde se encontra o ISP da rede do seu amigo. Assim que o seu amigo liga o modem para se ligar à Internet, os dados são entregues ao computador do seu amigo.

1.1.1.4 World Wide Web

Por vezes, utilizamos indistintamente os termos internet e world wide web ou simplesmente a web, como é popularmente conhecida. Mas a Web é apenas uma das várias utilidades que a Internet proporciona. Alguns dos serviços populares que a Internet fornece para além da Web são o correio eletrónico, a usenet, o serviço de mensagens, o FTP, etc. A Web utiliza o protocolo HTTP para comunicar através da Internet e trocar informações. A Web foi desenvolvida no CERN (Centro Europeu de Investigação Nuclear, Suíça) por um cientista britânico, Tim Berners-Lee, em 1989. É constituída por todos os sítios Web públicos e por todos os dispositivos que acedem ao conteúdo da Web. A WWW é um modelo de partilha de informações desenvolvido para trocar informações através da Internet. Existem muitos sítios Web públicos, que são uma coleção de páginas Web, disponíveis na Internet. Estas páginas Web contêm muitas informações sob a forma de texto, vídeos, áudio e imagens. O acesso a estas páginas Web é feito através de um software de aplicação chamado "web browser". Alguns dos exemplos de programas de navegação populares são: Internet explorer, Chrome, Safari, Firefox, etc.

Esta foi uma pequena introdução sobre a Internet e o seu funcionamento. Agora vamos falar sobre o cibercrime.

1.2 INTRODUÇÃO À CIBERCRIMINALIDADE

A Internet nasceu por volta da década de 1960 e o seu acesso estava limitado a um pequeno número de cientistas, investigadores e ao sector da defesa. A base de utilizadores da Internet evoluiu exponencialmente. Inicialmente, a criminalidade informática limitava-se a provocar danos físicos no computador e nas infra-estruturas conexas. Por volta da década de 1980, a tendência passou de causar danos físicos aos computadores para provocar o seu mau funcionamento através de um código malicioso denominado vírus. Até então, o efeito não era tão generalizado, porque a Internet estava apenas confinada a instalações de defesa, grandes empresas internacionais e comunidades de investigação. Em 1996, quando a Internet foi lançada para o público, tornou-se imediatamente popular entre as massas e estas tornaram-se lentamente dependentes dela, a ponto de ter alterado o seu estilo de vida. As GUIs foram escritas tão bem que o utilizador não tem de se preocupar com o funcionamento da Internet. Bastava fazer alguns cliques sobre as hiperligações ou escrever a informação desejada no local pretendido, sem se preocupar com o local onde os dados são armazenados e com a forma como são enviados através da Internet, nem com o facto de os dados poderem ser acedidos por outra pessoa ligada à Internet ou de o pacote de dados enviado através da Internet poder ser falsificado e alterado. A criminalidade informática deixou de se centrar apenas na danificação do computador ou na destruição ou manipulação de dados para benefício pessoal e passou a centrar-se na criminalidade financeira. Estes ataques informáticos estão a aumentar a um ritmo acelerado. A cada segundo, cerca de 25 computadores são vítimas de ciberataques e cerca de 800 milhões de pessoas foram afectadas por estes ataques até 2013. O CERT-Índia comunicou que cerca de 308371 sítios Web indianos foram alvo de pirataria informática entre 2011 e 2013. Estima-se também que se perdem cerca de 160 milhões de dólares por ano devido ao cibercrime. Este valor é muito conservador, uma vez que a maioria dos casos nunca é comunicada.

De acordo com o relatório de 2013-14 do comité permanente para as tecnologias da informação apresentado à 15.ª Lok Sabha pelo Ministério das Comunicações e das Tecnologias da Informação, a Índia é o terceiro maior utilizador da Internet em todo o mundo, com uma estimativa de 100 milhões de utilizadores da Internet em junho de 2011, e os números estão a crescer rapidamente. Até à data, existem cerca de 22 milhões de ligações de banda larga na Índia, exploradas por cerca de 134 grandes fornecedores de serviços Internet (FSI).

Antes de continuarmos a discutir o assunto, vamos saber o que é o crime cibernético?

O termo **cibercrime** é utilizado para descrever uma atividade ilegal em que o computador ou os dispositivos informáticos, como smartphones, tablets, assistentes pessoais digitais (PDA), etc., que são autónomos ou fazem parte de uma rede, são utilizados como ferramenta e/ou alvo de uma atividade criminosa. É frequentemente cometido por pessoas com uma mentalidade destrutiva e criminosa, seja por vingança, ganância ou aventura.

1.2.1 Classificação dos crimes informáticos

O cibercriminoso pode ser interno ou externo à organização que sofre o ciberataque. Com base neste facto, o cibercrime pode ser classificado em dois tipos:

- *Ataque interno:* Um ataque à rede ou ao sistema informático por uma pessoa com acesso autorizado ao sistema é conhecido como ataque interno. É geralmente efectuado por funcionários internos ou contratados insatisfeitos ou infelizes. O motivo do ataque interno pode ser a vingança ou a ganância. É relativamente fácil para um informador realizar um ciberataque, uma vez que conhece bem as políticas, os processos, a arquitetura informática e a integridade do sistema de segurança. Além disso, o atacante tem acesso à rede. Por conseguinte, é comparativamente fácil para um atacante infiltrado aceder a informações sensíveis, fazer crashar a rede, etc. Na maioria dos casos, a razão para um ataque interno é quando um empregado é despedido ou lhe são atribuídas novas funções numa organização, e a função não se reflecte nas políticas de TI. Isto abre uma janela de visibilidade para o atacante. O ataque interno pode ser evitado através do planeamento e da instalação de um sistema interno de deteção de intrusões (IDS) na organização.

- *Ataque externo:* Quando o atacante é contratado por uma entidade interna ou externa à organização, é conhecido como ataque externo. A organização vítima de um ataque cibernético não só sofre perdas financeiras, como também perde a sua reputação. Uma vez que o atacante é externo à organização, estes atacantes costumam procurar e recolher informações. Um administrador de rede/segurança experiente vigia regularmente os registos gerados pelas firewalls, uma vez que os ataques externos podem ser detectados através da análise cuidadosa destes registos. Além disso, são instalados sistemas de deteção de intrusões para vigiar os ataques externos.

Os ciberataques também podem ser classificados como ataques estruturados e ataques não estruturados com base no nível de maturidade do atacante. Alguns autores classificaram estes ataques como uma forma de ataques externos, mas há precedentes de casos em que um ataque estruturado foi efectuado por um funcionário interno. Isto acontece quando a empresa concorrente pretende conhecer a estratégia futura de uma organização em determinados pontos. O atacante pode, estrategicamente, aceder à empresa como funcionário e aceder às informações necessárias.

- *Ataques não estruturados:* Estes ataques são geralmente efectuados por amadores que não têm motivos pré-definidos para realizar o ciberataque. Normalmente, estas amaturas tentam testar uma ferramenta facilmente disponível na Internet na rede de uma empresa aleatória.

- *Ataque de estrutura:* Estes tipos de ataques são efectuados por pessoas altamente qualificadas e experientes e os motivos destes ataques são claros na sua mente. Têm acesso a ferramentas e tecnologias sofisticadas para aceder a outras redes sem serem detectados pelos seus sistemas de deteção de intrusões (IDS). Além disso, estes atacantes têm os conhecimentos necessários para desenvolver ou modificar as ferramentas existentes para satisfazer os seus objectivos. Este tipo de ataques é normalmente efectuado por criminosos profissionais, por um país contra outros países rivais, por políticos para prejudicar a imagem de uma pessoa ou de um país rival, por terroristas, por empresas rivais, etc.

Os crimes cibernéticos tornaram-se um negócio de baixo investimento e baixo risco com enormes retornos. Atualmente, estes crimes estruturados são executados de forma altamente organizada. Existe uma organização hierárquica perfeita, à semelhança das organizações formais, e algumas delas atingiram um nível de capacidades técnicas equivalente ao das nações desenvolvidas. Têm como alvo grandes organizações financeiras, estabelecimentos nucleares e de defesa e também se dedicam ao tráfico de droga em linha.

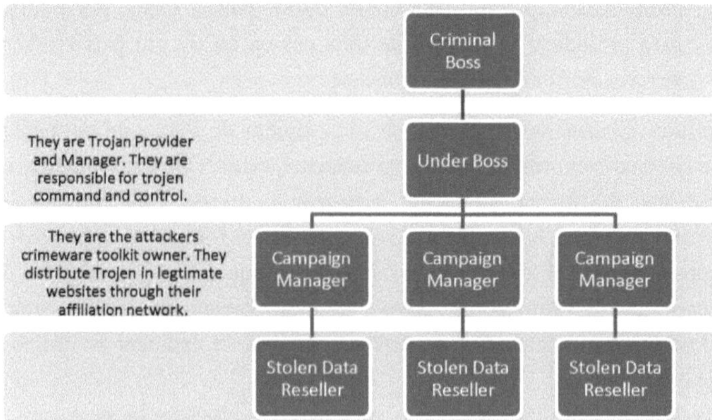

Figura 1: Estrutura organizacional hierárquica

O papel de todas as pessoas na hierarquia continua a mudar e baseia-se na oportunidade. Se um pirata informático que tenha pirateado dados relativos a uma organização pode utilizá-los para explorar financeiramente a própria organização. Se o pirata informático tiver os conhecimentos técnicos necessários para o fazer, fá-lo-á ele próprio; caso contrário, poderá encontrar um comprador que esteja interessado nesses dados e tenha os conhecimentos técnicos necessários.

Há alguns cibercriminosos que oferecem serviços a pedido. Uma pessoa, uma organização ou um país pode contactar estes cibercriminosos para piratear uma organização e obter acesso a alguns dados importantes ou criar um ataque maciço de negação de serviço aos seus concorrentes. Com base nos pedidos dos clientes, os hackers criam malware, vírus, etc., de acordo com as suas necessidades. Uma organização afetada por um ciberataque não só sofre perdas financeiras, como também a sua reputação é adversamente afetada, e a organização concorrente será definitivamente beneficiada.

1.2.2 Razões para a prática de cibercrimes

Há muitas razões que actuam como catalisadores do crescimento da cibercriminalidade.

Algumas das razões mais importantes são:

a. *Dinheiro:* As pessoas são motivadas a cometer crimes cibernéticos para ganhar dinheiro rápido e fácil.

b. *Vingança:* Algumas pessoas tentam vingar-se de outra pessoa/organização/sociedade/casta ou religião difamando a sua reputação ou provocando perdas económicas ou físicas. Este tipo de ato insere-se na categoria do ciberterrorismo.

c. *Divertimento:* Os amadores praticam o cibercrime por diversão. Só querem testar a ferramenta mais recente que encontraram.

d. *Reconhecimento:* É considerado um orgulho se alguém invadir as redes altamente seguras, como sítios ou redes de defesa.

e. *Anonimato* - Muitas vezes, o anonimato que o ciberespaço proporciona motiva a pessoa a cometer cibercrime, uma vez que é muito mais fácil cometer um cibercrime no ciberespaço e permanecer anónimo do que no mundo real.

   É muito mais fácil escapar a uma atividade criminosa no mundo cibernético do que no mundo real. Existe um forte sentimento de anonimato que pode levar cidadãos respeitáveis a abandonar a sua ética em busca de ganhos pessoais.

f. *Espionagem cibernética:* Por vezes, o próprio governo está envolvido em ciberespionagem para vigiar outra pessoa/rede/país. A razão pode ser de ordem política, económica ou social.

1.3 MALWARE E O SEU TIPO

Malware significa[ii] *Malicious Software*[iii] e foi concebido para obter acesso ou ser instalado no computador sem o consentimento do utilizador. Executam tarefas indesejadas no computador anfitrião para benefício de terceiros. Existe uma gama completa de malwares que podem degradar seriamente o desempenho da máquina hospedeira. Existe uma gama completa de malwares que são simplesmente escritos para distrair/incomodar o utilizador, até aos mais complexos que capturam os dados sensíveis da máquina anfitriã e os enviam para servidores remotos. Existem vários tipos de malwares presentes na Internet. Alguns dos mais populares são:

1.3.1 Adware

É um tipo especial de malware que é utilizado para publicidade forçada. Redireccionam a página para uma página de publicidade ou abrem uma página adicional que promove algum produto ou evento. Estes adware são apoiados financeiramente pelas organizações cujos produtos são publicitados.

1.3.2 Spyware

É um tipo especial que é instalado no computador de destino com ou sem a permissão do utilizador e é concebido para roubar informações sensíveis da máquina de destino. Na maioria dos casos, recolhe os hábitos de navegação do utilizador e envia-os para o servidor remoto sem o conhecimento do proprietário do computador. Na maioria das vezes, são descarregados para o computador anfitrião quando se descarrega freeware, ou seja, programas de aplicação gratuitos da Internet. Os programas espiões podem ser de vários tipos: podem seguir o rasto dos cookies do computador anfitrião, podem atuar como keyloggers para detetar as palavras-passe bancárias e informações sensíveis, etc.

1.3.3 Software de sequestro de navegador

Existem alguns programas maliciosos que são descarregados juntamente com o software gratuito oferecido na Internet e instalados no computador anfitrião sem o conhecimento do utilizador. Este software modifica as definições do navegador e redirecciona as ligações para outros sítios não intencionais.

1.3.4 Vírus

Um vírus é um código malicioso escrito para danificar/prejudicar o computador anfitrião, apagando ou anexando um ficheiro, ocupando o espaço de memória do computador através da replicação da cópia do código, diminuindo o desempenho do computador, formatando a máquina anfitriã, etc. Pode ser propagado através de anexos de correio eletrónico, pen drives, imagens digitais, mensagens electrónicas, clips de áudio ou vídeo, etc. Um vírus pode estar presente num computador, mas não se pode ativar sem a intervenção humana.

Até e a menos que o ficheiro executável (.exe) seja executado, um vírus não pode ser ativado na máquina hospedeira.

1.3.5 Vermes

São uma classe de vírus que se podem replicar a si próprios. Distinguem-se dos vírus pelo facto de não necessitarem de intervenção humana para percorrerem a rede e se propagarem da máquina infetada para toda a rede. Os worms podem propagar-se através da rede, utilizando as lacunas do sistema operativo ou através de correio eletrónico. A replicação e propagação do worm na rede consome os recursos da rede, como espaço e largura de banda, e força a rede a bloquear.

1.3.6 Cavalo de Troia

O cavalo de Troia é um código malicioso que é instalado na máquina hospedeira fingindo ser um software útil. O utilizador clica na ligação ou descarrega o ficheiro que finge ser um ficheiro ou software útil de fonte legítima. Não só danifica o computador anfitrião manipulando os dados, como também cria uma porta traseira no computador anfitrião para que possa ser controlado por um computador remoto. Pode tornar-se parte de uma *botnet (rede de robots),* uma rede de computadores infectados por código malicioso e controlados por um controlador central. Os computadores desta rede que estão infectados por código malicioso são conhecidos como zombies. Os cavalos de Troia não infectam os outros computadores da rede nem se replicam

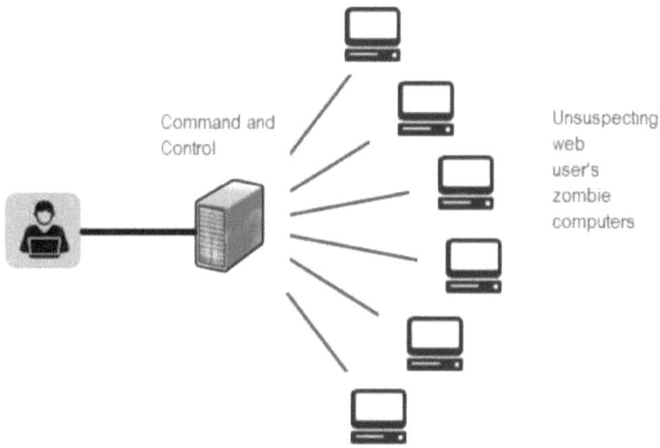

Figura 2: Uma rede de bots típica

1.3.7 Cuidado

A Internet mudou a forma como falamos, fazemos compras, jogamos, etc. Mudou até a forma como os criminosos visam as pessoas para obterem um resgate. Enquanto navegamos na Internet, surge subitamente um alerta no ecrã que avisa da presença de vírus perigosos, spywares, etc. no computador do utilizador. Como medida corretiva, a mensagem sugere que o utilizador descarregue a versão completa paga do software. Quando o utilizador procede à transferência, um código malicioso, conhecido como scareware, é transferido para o computador anfitrião. Mantém o computador refém até que o resgate seja pago. O código malicioso não pode ser desinstalado nem o computador pode ser utilizado até que o resgate seja pago.

1.4 TIPOS DE CIBERCRIME

Os vários tipos de crimes cibernéticos são:

1.4.1 Falsificação e contrafação

Trata-se de uma utilização do computador para falsificar e contrafazer um documento. Com o avanço do hardware e do software, é possível produzir contrafacções que coincidem com o documento original de tal forma que não é possível avaliar a autenticidade do documento sem a apreciação de um perito.

1.4.2 Pirataria de software e crimes relacionados com os direitos de propriedade intelectual

A pirataria de software é uma reprodução e distribuição ilegal para uso pessoal ou comercial. É um crime relacionado com a violação dos direitos de propriedade intelectual. Alguns dos outros crimes relacionados com a violação dos DPI são: descarregamento de canções, descarregamento de filmes, etc.

1.4.3 Ciberterrorismo

Define-se como a utilização de recursos informáticos para intimidar ou coagir o governo, a população civil ou qualquer segmento da mesma, em prol de objectivos políticos ou sociais.

1.4.4 Phishing

Trata-se de um processo de obtenção de informações pessoais e sensíveis de um indivíduo através de correio eletrónico, disfarçando-se de uma entidade de confiança numa comunicação eletrónica. O objetivo do phishing é o roubo de identidade e as informações pessoais, como o nome de utilizador, a palavra-passe, o número do cartão de crédito, etc., podem ser utilizadas para roubar dinheiro da conta do utilizador. Se o telefone for utilizado como meio de roubo de identidade, é conhecido por *Vishing* (voice phishing). Outra forma de phishing é o *Smishing,* em que se utilizam sms para atrair clientes.

1.4.5 Vandalismo informático

É um ato de destruição física de recursos informáticos utilizando força física ou código malicioso.

1.4.6 Hacking informático

Trata-se de uma prática que consiste em modificar o hardware e o software de um computador para atingir um objetivo alheio ao propósito original do seu criador. O objetivo de piratear um sistema informático pode variar entre

a simples demonstração de capacidades técnicas e o roubo, modificação ou destruição de informações por razões sociais, económicas ou políticas. Atualmente, as empresas estão a contratar hackers, uma pessoa que se dedica à pirataria informática, para piratear intencionalmente o computador de uma organização a fim de encontrar e corrigir vulnerabilidades de segurança.
Os hackers podem ser classificados como:

- White Hat: os hackers de chapéu branco são as pessoas que invadem o sistema para encontrar as vulnerabilidades de segurança de um sistema e notificam as organizações para que possam ser tomadas medidas preventivas para proteger o sistema de hackers externos. Os hackers de chapéu branco podem ser funcionários remunerados de uma organização, contratados para encontrar as lacunas de segurança, ou podem ser freelancers que apenas querem provar o seu valor neste domínio. São popularmente conhecidos como hackers éticos.

- Chapéu preto: em contraste com o chapéu branco, o chapéu preto invade o sistema com más intenções. Podem invadir o sistema por motivos sociais, políticos ou económicos. Descobrem as lacunas de segurança do sistema, guardam a informação e exploram o sistema para benefício pessoal ou da organização, até que a organização cujo sistema foi comprometido se aperceba do facto e aplique correcções de segurança. São conhecidos popularmente como crackers.
- Chapéu cinzento: Os hackers de chapéu cinzento descobrem as vulnerabilidades de segurança, informam os administradores do sítio e oferecem a correção do erro de segurança mediante o pagamento de uma taxa de consultoria.
- Blue hat: Um hacker de chapéu azul é alguém que não pertence a empresas de consultoria em segurança informática e que é utilizado para testar um sistema antes do seu lançamento, procurando explorações para que possam ser eliminadas.

1.4.7 Criação e distribuição de vírus na Internet

A propagação de um vírus pode causar perdas comerciais e financeiras a uma organização. O prejuízo inclui o custo da reparação do sistema, o custo associado à perda de negócios durante o tempo de inatividade e o custo da perda de oportunidades. A organização pode processar o pirata informático, se este for encontrado, por um montante superior ou equivalente ao prejuízo sofrido pela organização.

1.4.8 Spamming

O envio de mensagens em massa não solicitadas e comerciais através da Internet é conhecido como spamming. Uma mensagem de correio eletrónico pode ser classificada como spam se satisfizer os seguintes critérios

a. Correio eletrónico em massa:- o correio eletrónico não é dirigido a uma pessoa em particular, mas a um grande número de pessoas.

b. Anonimato:- A identificação real da pessoa não é conhecida

c. Não solicitado:- a mensagem de correio eletrónico não é esperada nem solicitada pelo destinatário.

Estes spams não só irritam os destinatários e sobrecarregam a rede, como também desperdiçam tempo e ocupam o valioso espaço de memória da caixa de correio.

1.4.9 Scripting entre sítios

Trata-se de uma atividade que envolve a injeção de um script malicioso do lado do cliente num sítio Web fidedigno. Assim que o browser executa o script malicioso, este obtém acesso aos cookies e a outras informações sensíveis e envia-as para servidores remotos. Estas informações podem agora ser utilizadas para obter benefícios financeiros ou acesso físico a um sistema para fins pessoais.

1.4.10 Fraude nos leilões em linha

Existem muitos sítios Web genuínos que oferecem leilões em linha na Internet. Tirando partido da reputação destes sítios Web, alguns dos cibercriminosos atraem os clientes para esquemas de fraude em leilões em linha que, muitas vezes, conduzem a um pagamento excessivo do produto ou a que o artigo nunca seja entregue depois de efectuado o pagamento.

1.4.11 Squatting cibernético

É um ato de reservar os nomes de domínio da marca registada de outra pessoa com a intenção de os vender posteriormente à organização que é proprietária da marca registada a um preço mais elevado.

1.4.12 Bombas lógicas

Trata-se de código malicioso inserido num software legítimo. A ação maliciosa é desencadeada por uma condição específica. Se as condições se verificarem no futuro, a ação maliciosa tem início e, com base na ação definida no código malicioso, destrói a informação armazenada no sistema ou torna o sistema inutilizável.

1.4.13 Web Jacking

O hacker acede a um sítio Web de uma organização e bloqueia-o ou modifica-o para servir interesses políticos, económicos ou sociais. Os exemplos recentes de web jacking são alguns dos sítios Web dos institutos de ensino que foram pirateados por piratas paquistaneses e uma animação que contém bandeiras paquistanesas foi exibida na página inicial desses sítios. Outro exemplo é o sítio Web dos caminhos-de-ferro paquistaneses que foi pirateado por piratas informáticos indianos e que exibiram a bandeira indiana na página inicial durante várias horas por ocasião do Dia da Independência da Índia em 2014.

1.4.14 Roubos de tempo na Internet

O roubo de tempo na Internet consiste em piratear o nome de utilizador e a palavra-passe do ISP de um indivíduo e navegar na Internet à sua custa.

1.4.15 Ataque de negação de serviço

Trata-se de um ciberataque em que a rede é bloqueada e frequentemente colapsada, inundando-a com tráfego inútil e impedindo assim o tráfego legítimo da rede.

1.4.16 Ataque de salame

Trata-se de um ataque que prossegue com pequenos incrementos e que, no final, se somam para conduzir a um grande ataque. Os incrementos são tão pequenos que passam despercebidos. Um exemplo de ataque salame consiste em obter acesso à banca em linha de um indivíduo e levantar montantes tão pequenos que passam despercebidos ao proprietário. Muitas vezes, o sítio Web da instituição bancária define um valor por defeito e as transacções inferiores a 1000 rupias não são comunicadas ao proprietário da conta. O levantamento de um montante de 1000 rupias durante um período de tempo conduzirá ao levantamento total de uma grande soma.

1.4.17 Manipulação de dados

Trata-se de uma prática que consiste em alterar os dados antes da sua introdução no sistema informático. Muitas vezes, os dados originais são mantidos após a execução dos dados. Por exemplo, o DA ou o salário de base de uma pessoa é alterado nos dados da folha de pagamento de um indivíduo para cálculo do salário. Uma vez calculado o salário e transferido para a sua conta, o salário total é substituído pelo seu salário real no relatório.

1.4.18 Falsificação de correio eletrónico

Trata-se de um processo que consiste em alterar as informações do cabeçalho de uma mensagem de correio eletrónico de modo a que a sua fonte original não seja identificada e que pareça a um destinatário que a mensagem foi originada por uma fonte diferente da fonte original.

TÉCNICAS DE CIBERSEGURANÇA

Existem muitas técnicas de cibersegurança para combater os ataques à cibersegurança. A próxima secção aborda algumas das técnicas mais populares para combater os ciberataques.

2.1 AUTENTICAÇÃO

É um processo de identificação de uma pessoa e de garantia de que essa pessoa é a mesma que afirma ser. Um método típico de autenticação na Internet é através do nome de utilizador e da palavra-passe. Com o aumento dos casos relatados de cibercrime por roubo de identidade na Internet, as organizações tomaram algumas medidas adicionais para a autenticação, como *a senha única (OTV), que*, como o nome sugere, é uma senha que só pode ser utilizada uma vez e é enviada ao utilizador por *SMS* ou por correio eletrónico para o número de telemóvel/endereço de correio eletrónico que especificou durante o processo de registo. É conhecido como método de autenticação de dois factores e requer dois tipos de provas para autenticar um indivíduo, a fim de proporcionar uma camada extra de segurança para a autenticação. Algumas outras técnicas populares de autenticação bidirecional são: dados biométricos, fichas físicas, etc., que são utilizadas em conjunto com o nome de utilizador e a palavra-passe.

A autenticação torna-se mais importante tendo em conta o facto de as organizações multinacionais terem mudado a forma como o negócio era feito, digamos, há 15 anos. Têm escritórios em todo o mundo e um funcionário pode querer um acesso que está presente num servidor centralizado. Ou um empregado está a trabalhar a partir de casa e não utiliza a intranet do escritório e pretende aceder a um ficheiro específico presente na rede do escritório. O sistema tem de autenticar o utilizador e, com base nas credenciais desse utilizador, pode ou não conceder-lhe acesso às informações que solicitou. O processo de dar acesso a um indivíduo a determinados recursos com base nas credenciais de um indivíduo é conhecido como autorização e, frequentemente, este processo é acompanhado de autorização. Agora, é fácil compreender o papel de uma palavra-passe forte para autorização, de modo a garantir a segurança cibernética, uma vez que uma palavra-passe fácil pode ser a causa de uma falha de segurança e pode colocar toda a organização em risco. Por conseguinte, a política de palavras-passe de uma organização deve ser tal que os funcionários sejam obrigados a utilizar palavras-passe fortes (mais de 12 caracteres e uma combinação de letras maiúsculas e minúsculas, juntamente com números e caracteres especiais) e que o utilizador seja solicitado a alterar a sua palavra-passe frequentemente. Em algumas das maiores organizações ou em organizações que lidam com informações sensíveis, como agências de defesa, instituições financeiras, comissões de planeamento, etc., uma autenticação híbrida

é utilizado um sistema que combina o nome de utilizador e a palavra-passe com medidas de segurança de hardware, como o sistema biométrico, etc. Algumas das maiores organizações também utilizam *o PPA*[r] (Virtual Private Network), que é um dos métodos para fornecer acesso seguro através de autenticação de segurança híbrida à rede da empresa através da Internet.

2.2 ENCRYPTION

Trata-se de uma técnica para converter os dados numa forma ilegível antes de os transmitir através da Internet. Só a pessoa que tem acesso à chave é que a converte numa forma legível e a lê. Formalmente, a encriptação pode ser definida como uma técnica para bloquear os dados, convertendo-os em códigos complexos através de algoritmos matemáticos. O código é tão complexo que mesmo o computador mais potente demorará vários anos a decifrá-lo. Este código seguro pode ser transmitido em segurança através da Internet para o destinatário. O recetor, depois de receber os dados, pode descodificá-los utilizando a chave. A descodificação do código complexo para o texto original utilizando a chave é conhecida como descodificação. Se for utilizada a mesma chave para bloquear e desbloquear os dados, é conhecida como encriptação de chave simétrica.

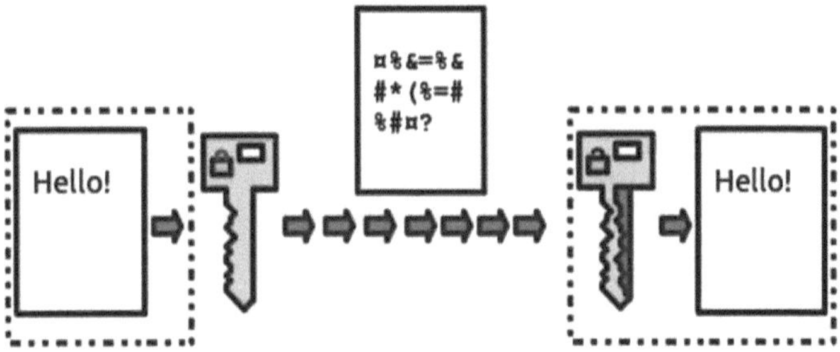

Figura 4: Encriptação[2]

Na cifragem de chave simétrica, após a codificação dos dados, a chave é enviada ao utilizador de destino através de outro meio, como o correio, o telefone, etc., porque se a chave for obtida por um pirata informático, a segurança dos dados fica comprometida. A distribuição de chaves é uma tarefa complexa porque a segurança da chave durante a transmissão é, em si mesma, um problema. Para evitar a transferência da chave, é utilizado um método designado por cifragem de chave assimétrica, também conhecido por cifragem de chave pública.

Na encriptação de chave assimétrica, a chave utilizada para encriptar e desencriptar dados é diferente. Cada utilizador possui duas chaves: a chave pública e a chave privada. Como o nome sugere, a chave pública de cada utilizador é conhecida por todos, mas a chave privada é conhecida apenas pelo utilizador específico que possui a chave. Suponhamos que o emissor A quer enviar uma mensagem secreta ao recetor B através da Internet. A encriptará a mensagem utilizando a chave pública de B, uma vez que a chave pública é conhecida por todos. Uma vez encriptada a mensagem, esta pode ser enviada com segurança para B através da Internet. Assim que a mensagem for recebida por B, este utilizará a sua chave privada para a decifrar e voltar a gerar a mensagem original.

2.3 ASSINATURAS DIGITAIS

Trata-se de uma técnica de validação de dados. A validação é um processo de certificação do conteúdo de um documento. As assinaturas digitais não só validam os dados como também são utilizadas para autenticação. A

assinatura digital é criada encriptando os dados com a chave privada do remetente. Os dados encriptados são anexados à mensagem original e enviados através da Internet para o destino. O destinatário pode desencriptar a assinatura com a chave pública do remetente. Agora, a mensagem desencriptada é comparada com a mensagem original. Se ambas forem iguais, isso significa que os dados não foram modificados e também que a autenticidade do remetente é verificada, uma vez que alguém com a chave privada (que é conhecida apenas pelo proprietário) pode encriptar os dados que foram depois desencriptados pela sua chave pública. Se os dados forem modificados durante a transmissão, serão facilmente detectados pelo recetor, uma vez que os dados não serão verificados. Além disso, a massagem não pode ser reencriptada após a moderação, uma vez que a chave privada, que só o remetente original possui, é necessária para esse efeito.
Dado que cada vez mais documentos são transmitidos através da Internet, as assinaturas digitais são uma parte essencial da transição jurídica e financeira. Não só permite a autenticação de uma pessoa e a validação do documento, como também impede a negação ou o acordo numa fase posterior. Suponhamos que um acionista dá instruções ao corretor por correio eletrónico para vender a ação ao preço atual. Após a conclusão da transação, por acaso, o acionista reclama as acções, alegando que o e-mail é falso ou forjado. Para evitar estas situações desagradáveis, são utilizadas as assinaturas digitais.

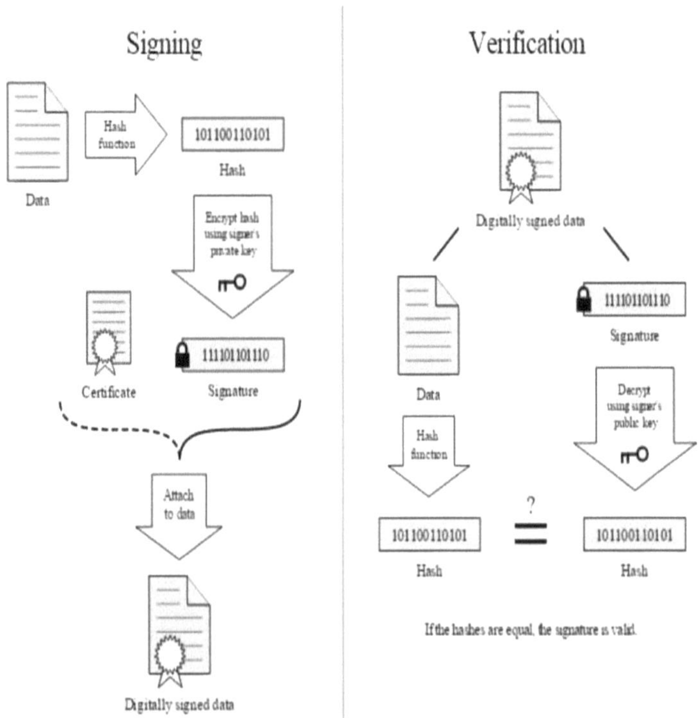

Figura 5: Assinatura digital[3]

2.4 ANTIVÍRUS

Existem vários programas maliciosos, como vírus, worms, cavalos de Troia, etc., que se espalham pela Internet para comprometer a segurança de um computador, quer para destruir os dados armazenados no computador, quer para obter benefícios financeiros através da deteção de palavras-passe, etc. Para evitar que estes códigos maliciosos entrem no seu sistema, é utilizado um programa especial chamado antivírus, concebido para proteger o sistema contra vírus. Não só impede que o código malicioso entre no sistema, como também detecta e destrói o código malicioso que já está instalado no sistema. Todos os dias surgem muitos vírus novos. O programa antivírus actualiza regularmente a sua base de dados e fornece imunidade ao sistema contra estes novos vírus, worms, etc.

Figura 6: Diferentes antivírus disponíveis no mercado[4]

2.5 FIREWALL

É um hardware/software que actua como um escudo entre a rede de uma organização e a Internet e protege-a de ameaças como vírus, malware, hackers, etc. Pode ser utilizado para limitar as pessoas que podem ter acesso à sua rede e enviar informações para si.

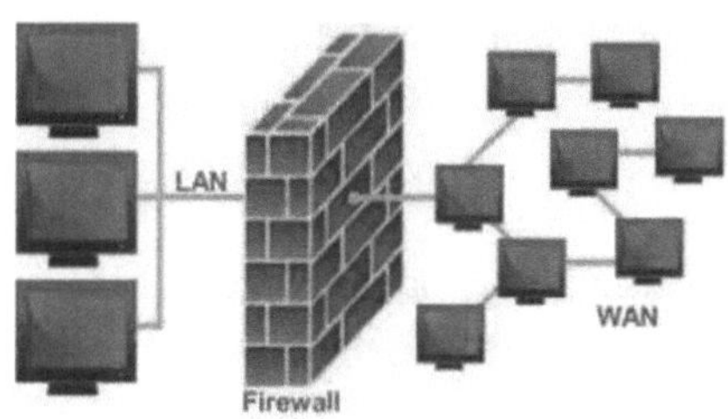

Figura 7: Firewall[5]

Existem dois tipos de tráfego numa organização: o tráfego de entrada e o tráfego de saída. Utilizando a firewall, é possível configurar e monitorizar o tráfego das portas. Só os pacotes provenientes de um endereço de origem fidedigno podem entrar na rede da organização e o acesso à rede é recusado às fontes que constam da lista negra e aos endereços não autorizados. É importante ter firewalls para impedir o acesso não autorizado à rede, mas a firewall não garante isso até e a menos que seja configurada corretamente. Uma firewall pode ser implementada utilizando hardware, software ou a combinação de ambos.

- Firewalls de hardware: um exemplo de firewalls de hardware são os routers através dos quais a rede é ligada à rede exterior à organização

i. e. Internet.

- Firewalls de software: Estas firewalls são instaladas e instaladas nas máquinas servidoras e clientes e actuam como uma porta de entrada para a rede da organização.

Nos sistemas operativos como o Windows 2003, Windows 2008, etc., a firewall vem incorporada no sistema operativo. A única coisa que o utilizador tem de fazer é configurar a firewall da melhor forma possível, de acordo com os seus próprios requisitos. As firewalls podem ser configuradas para seguir "regras" e "políticas" e, com base nestas regras definidas, podem seguir os seguintes mecanismos de filtragem.

- Proxy - todo o tráfego de saída é encaminhado através de proxies para monitorizar e controlar os pacotes que são encaminhados para fora da organização.
- Filtragem de pacotes - com base nas regras definidas nas políticas, cada pacote é filtrado de acordo com o seu tipo, as informações do porto e as informações de origem e destino. O exemplo dessas caraterísticas é o endereço IP, os nomes de domínio, os números de porta, os protocolos, etc. A filtragem básica de pacotes pode ser efectuada pelos routers.
- Stateful Inspection: em vez de analisar todos os campos de um pacote, são definidas as caraterísticas principais. Os pacotes que saem/entram são avaliados com base apenas nas caraterísticas definidas.

As firewalls são um componente essencial da rede das organizações. Não só protegem a organização contra vírus e outros códigos maliciosos, como também impedem os hackers de utilizar a sua infraestrutura de rede para lançar ataques DOS.

2.6 ESTEGANOGRAFIA

É uma técnica de ocultação de mensagens secretas num ficheiro de documento, num ficheiro de imagem, num programa ou protocolo, etc., de modo a que a mensagem incorporada seja invisível e possa ser recuperada utilizando um software especial. Só o emissor e o recetor sabem da existência da mensagem secreta na imagem. A vantagem desta técnica é que estes ficheiros não são facilmente detectáveis.

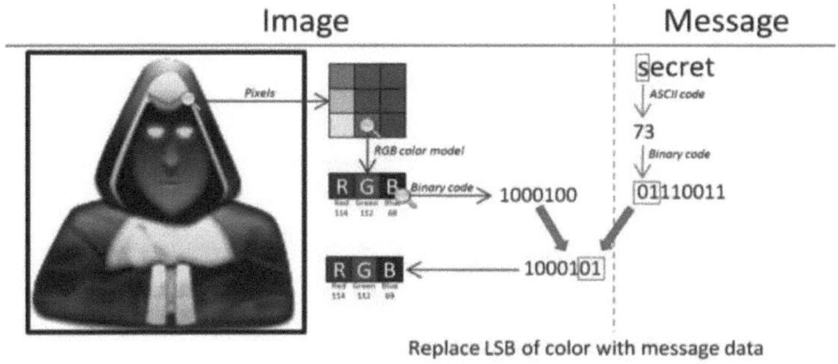

Figura 8: Esteganografia

Existem muitas aplicações da esteganografia, que incluem o envio de mensagens secretas sem que os alarmes soem, a prevenção de ficheiros secretos contra o acesso não autorizado e acidental e o roubo, marcas de água digitais para questões de direitos de propriedade intelectual, etc.

Analisemos a forma como os dados são secretamente incorporados no ficheiro de cobertura (o suporte, como a imagem, o vídeo, o áudio, etc., que é utilizado para incorporar dados secretos) sem que se dê por isso. Vejamos o exemplo de um ficheiro de imagem que é utilizado como meio de cobertura. Cada pixel de uma imagem de alta resolução é representado por 3 bytes (24 bits). Se os 3 bits menos significativos destes 24 bits forem alterados e utilizados para ocultar os dados, a imagem resultante, depois de incorporados os dados, terá uma alteração não percetível na qualidade da imagem e só um olho muito experiente e treinado poderá detetar esta alteração. Desta forma, cada pixel pode ser utilizado para esconder 3 bits de informação.

Da mesma forma, a introdução de um ruído branco num ficheiro áudio a intervalos regulares ou aleatórios pode ser utilizada para esconder dados num ficheiro áudio ou vídeo. Existem vários softwares gratuitos disponíveis para esteganografia. Alguns dos mais populares são: QuickStego, Xiao, Tucows, OpenStego, etc.

INVESTIGAÇÃO DE CRIMES CIBERNÉTICOS

Nos capítulos anteriores, abordámos as técnicas de prevenção dos ciberataques. E se nos depararmos com um ataque informático? O que se segue? O passo seguinte é denunciar o cibercrime. Mas se uma pessoa for exposta aos princípios da ciber-forense, as hipóteses de destruir acidentalmente as provas cibernéticas vitais são minimizadas.

3.1 INFORMÁTICA FORENSE

A ciber-forense é um ramo da ciência que se ocupa de ferramentas e técnicas de investigação de dados digitais para encontrar provas contra um crime que possam ser apresentadas em tribunal. É uma prática que consiste em preservar, extrair, analisar e documentar provas de dispositivos digitais, como computadores, suportes de armazenamento digital, smartphones, etc., de modo a poderem ser utilizados para a elaboração de pareceres de peritos em questões jurídicas/administrativas.

A informática forense desempenha um papel vital numa organização, uma vez que a nossa dependência dos dispositivos informáticos e da Internet aumenta de dia para dia. De acordo com um inquérito realizado pela Universidade da Califórnia[7] , 93% de toda a informação gerada durante 1999 foi gerada em formato digital, em computadores, e apenas 7% da restante informação foi gerada utilizando outras fontes, como o papel, etc. Nem sempre é fácil recolher provas, uma vez que os dados podem ser temperados, apagados, escondidos ou encriptados. A investigação forense digital é uma tarefa altamente especializada que exige a utilização de várias ferramentas, técnicas e diretrizes para encontrar e recuperar as provas digitais do local do crime ou dos equipamentos digitais utilizados no crime. Com o aumento da capacidade de processamento e da velocidade de computação dos equipamentos digitais, como smartphones, tablets, palmtops, smart tv, etc., não se pode excluir a possibilidade de utilização destes dispositivos na cibercriminalidade. Um investigador forense deve não só ter conhecimentos profundos sobre o funcionamento destes dispositivos, mas também ter contacto direto com as ferramentas necessárias para uma recolha rigorosa de dados, de modo a preservar o valor e a integridade dos dados.

Um computador pode ser utilizado de forma intencional ou não intencional para a cibercriminalidade. A utilização intencional consiste em utilizar o computador para enviar mensagens de ódio ou instalar no computador uma versão pirata de um software licenciado. A utilização não intencional consiste em utilizar o computador para enviar mensagens de ódio ou instalar no computador uma versão pirata de um software que de outra forma estaria licenciado. Da mesma forma, um computador pode ser diretamente utilizado para cometer um crime digital. Por exemplo, o seu computador é utilizado para aceder a dados sensíveis e confidenciais e esses dados são enviados a alguém dentro ou fora da rede, que os pode utilizar em seu próprio benefício. A utilização indireta do computador ocorre quando, ao descarregar uma crack de um software, é armazenado no computador um cavalo de Troia, que cria uma porta das traseiras na rede para facilitar a ação do hacker. Agora, o hacker entra no computador e utiliza-o para cometer crimes informáticos. Um investigador forense experiente desempenha um papel crucial na distinção entre ataque direto e indireto. Os peritos em informática forense também são úteis para recuperar dados perdidos acidentalmente, para detetar espionagem industrial, contrafação, etc.

Nas grandes organizações, assim que um cibercrime é detectado pela equipa de tratamento de incidentes, que é responsável pela monitorização e deteção de eventos de segurança num computador ou numa rede informática, são seguidos os processos iniciais de gestão de incidentes[8] . Trata-se de um processo interno. Segue as seguintes etapas:

1. *Preparação:* A organização prepara diretrizes para a resposta a incidentes e atribui funções e responsabilidades a cada membro da equipa de resposta a incidentes. A maioria das grandes organizações ganha uma reputação no mercado e qualquer sentimento negativo pode afetar negativamente as emoções dos acionistas. Por conseguinte, é necessária uma comunicação eficaz para declarar o incidente. Assim, é importante atribuir as funções com base no conjunto de competências de cada membro.
2. *Identificação:* com base nas caraterísticas, a equipa de resposta a incidentes verifica se um evento ocorreu efetivamente. Um dos procedimentos mais comuns para verificar o evento é examinar os registos. Uma vez verificada a ocorrência do evento, deve ser avaliado

o impacto do ataque.

3. *Contenção:* com base nas reacções da equipa de avaliação, é planeada nesta etapa a futura linha de ação para responder ao incidente.
4. *Erradicação:* Nesta etapa, a estratégia para a erradicação ou mitigação da causa da ameaça é planeada e executada.
5. *Recuperação:* é o processo de regresso ao estado operacional normal após a erradicação do problema.
6. *Lições aprendidas:* se for detectado um novo tipo de incidente, este é documentado de modo a que este conhecimento possa ser utilizado para lidar com tais situações no futuro.

A segunda etapa do processo é a investigação forense, que é efectuada para encontrar as provas do crime e que é, na maioria dos casos, realizada por 3rd empresas. A investigação forense informática envolve os seguintes passos:

1. *Identificar o incidente e as provas:* esta é a primeira etapa efectuada pelo administrador do sistema, na qual tenta recolher o máximo de informações possível sobre o incidente. Com base nestas informações, é avaliado o âmbito e a gravidade do ataque. Uma vez descobertas as provas do ataque, é feita uma cópia de segurança das mesmas para efeitos de investigação. A investigação forense nunca é efectuada na máquina original, mas nos dados que são restaurados a partir da cópia de segurança.
2. *Recolher e preservar provas:* São utilizadas várias ferramentas, como Helix, WinHex, FKT Imager, etc., para capturar os dados. Uma vez obtida a cópia de segurança dos dados, é efectuada a custódia das provas e da cópia de segurança. O hash MD5 (message digest) da cópia de segurança é calculado e comparado com o original para verificar a integridade dos dados. São também capturadas outras fontes de informação importantes, como o registo do sistema, as informações de rede, os registos gerados pelos sistemas de deteção de intrusões (IDS) e as informações sobre portos e processos.
3. *Investigar:* A imagem do disco é restaurada a partir da cópia de segurança e a investigação é realizada através da revisão dos registos, ficheiros de sistema, ficheiros eliminados e actualizados, utilizações

da CPU e registos de processos, ficheiros temporários, ficheiros protegidos por palavra-passe e encriptados, imagens, vídeos e ficheiros de dados para detetar possíveis mensagens estenográficas, etc.

4. *Resumo e apresentação:* O resumo do incidente é apresentado por ordem cronológica. Com base na investigação, são tiradas conclusões e explicadas as possíveis causas.

Ao efetuar a investigação forense digital, devem ser aplicadas regras e procedimentos. Especialmente durante a recolha de provas. Deve garantir-se que as acções empreendidas para captar os dados não alteram as provas. A integridade dos dados deve ser mantida. Deve garantir-se que os dispositivos utilizados para captar a cópia de segurança estão isentos de contaminação.

Além disso, todas as actividades relacionadas com a apreensão, o acesso, o armazenamento ou a transferência de provas digitais devem ser integralmente documentadas, preservadas e disponíveis para análise[9] . A prevenção é sempre melhor do que a cura. Recomenda-se sempre que afine o seu sistema de deteção de intrusões, como a firewall, e que, ocasionalmente, efectue testes de penetração na sua rede para evitar que os piratas informáticos rezem. Por último, mas não menos importante, denuncie o crime.

3.2 PORQUE DEVEMOS DENUNCIAR OS CRIMES INFORMÁTICOS?

Algumas empresas não comunicam um incidente de cibercrime porque receiam que isso prejudique a sua reputação junto dos seus acionistas. Alguns dos dados são muito sensíveis e a sua divulgação pode ter um impacto negativo na sua atividade. Mas o facto é que, até que e a menos que um incidente de cibercrime seja comunicado, os cibercriminosos nunca serão apanhados pelos serviços de aplicação da lei. Isto irá agravar ainda mais as condições e encorajar os criminosos a repetir este tipo de incidentes com a mesma ou outras organizações. Por isso, é muito importante identificá-los e processá-los. Isto ajudará não só a identificar as ameaças existentes à economia e às infra-estruturas, mas também a identificar novas ameaças. Consoante o âmbito do cibercrime, este deve ser comunicado à célula cibernética mais próxima da sua localidade, à célula cibernética estatal, aos organismos centrais de investigação como o CBI, o IB ou a organismos internacionais como a Interpol.

ALGUNS ATAQUES RECENTES À CIBERSEGURANÇA

4.1 INTRODUÇÃO

A proliferação da Internet entre a população está a aumentar de dia para dia. Este facto não só aumenta o âmbito da governação eletrónica e do comércio eletrónico na área dos cuidados de saúde, da banca, da distribuição de energia, etc., como também expõe estes sectores a ciberameaças como a pirataria informática, o roubo de credenciais, a manipulação de dados, o sequestro de contas, etc. De acordo com um relatório, registaram-se cerca de 62 189 incidentes de cibersegurança, com origem principalmente em países como os EUA, a Europa, o Brasil, a Turquia, a China, o Paquistão, o Bangladesh, a Argélia e os EAU, no período de janeiro a maio de 2014. Além disso, cerca de 10 000 sítios governamentais indianos foram comprometidos durante este período. A Índia tem uma séria carência de profissionais de segurança informática para lidar com estas ameaças de forma eficaz. De acordo com um relatório, a Índia precisa de cerca de um milhão de profissionais de cibersegurança para lidar eficazmente com as ciberameaças.

4.2 ALGUNS INCIDENTES RECENTES DE CIBERCRIMINALIDADE

Na presente secção, abordaremos alguns dos crimes cibernéticos e incidentes de fraude mais comuns na Internet, de modo a que possa apreciar a forma como estes pequenos desconhecimentos podem conduzir a um grande desastre.

1. Paypal, um serviço internacional de transferência de dinheiro em linha, que permite transferir dinheiro em segurança através da Internet utilizando várias técnicas de encriptação e constitui uma alternativa a outros métodos de pagamento tradicionais, como cheques, ordens de pagamento, etc. Tem uma base de utilizadores ativa de mais de 100 milhões de utilizadores activos em 190 países e efectua mais de 9 milhões de pagamentos diários. É um dos meios de pagamento mais populares em sítios de leilões em linha, como o eBay, etc. É um meio conveniente para transacções comerciais, especialmente quando os compradores e vendedores são de países diferentes e têm moedas

diferentes.

O hacker romano TinKode, também conhecido como Razvan Cernaianu, explorou uma lacuna no código do processo de estorno do PayPal. Graças a ela, um utilizador pode duplicar o seu dinheiro em cada tentativa. Suponhamos que o utilizador tem 1000 rúpias e que, utilizando esta brecha, o montante será duplicado para 2000 rúpias na primeira tentativa. Agora, este Rs. 2000 será duplicado para Rs. 4000 na segunda tentativa. Mais tarde, 4000 rúpias serão duplicadas para 8000 rúpias. Este processo continuará infinitamente.

2. Na Austrália, um sítio Web chamado MP3/WMA Land, que oferece aos seus utilizadores um grande número de canções e videoclipes piratas para descarregamento gratuito. Este facto resultou em grandes perdas financeiras para os artistas e os produtores dessas canções. A queixa foi apresentada por uma organização chamada Music Industry Piracy Investigations.

   Os proprietários do sítio Web, Ng, Tran e Le, que eram estudantes da Universidade Australiana, foram incriminados no maior caso de violação de direitos de autor da Austrália (Urbas, 2012).

3. Um dos casos mais interessantes de perseguição em linha foi registado pela Sra. Ritu Kohli na polícia de Deli (Kaur, 2013). Ela denunciou que alguém estava a usar a sua identidade na Internet, no sítio www.mirc.com, para conversar, e distribuiu o seu endereço e número de telefone. Como resultado, recebeu um grande número de chamadas telefónicas de todo o lado, incluindo do Dubai, Ahemdabad, Mumbai, etc., a horas estranhas. Esta situação causou-lhe uma enorme frustração mental e decidiu denunciar o caso. Com base na sua queixa, a polícia de Deli localizou o endereço IP e, finalmente, localizou o endereço do arguido, Manish Kathuria, e prendeu-o. Um NRI residente no Dubai foi objeto de chantagem e, quando o caso foi denunciado, já tinha pago cerca de 1,25 milhões de euros ao arguido (Madhya Pradesh State Cyber Police, 2013). O NRI conheceu uma rapariga na Internet e, após uma série de longas sessões de conversa, a rapariga conquistou o amor e a confiança do NRI. Entretanto, apresentou-o a vários dos seus amigos. Por algumas razões, a relação não durou muito tempo. Passado algum

tempo, um dos amigos da rapariga, que lhe foi apresentado por ela, informa-o de que, devido ao stress mental provocado pela rutura da relação, a rapariga cometeu suicídio e a polícia está a investigar o caso. Foram também enviadas ao NRI muitas cópias falsas de cartas do CBI, do Tribunal Superior de Calcutá, da polícia de Nova Iorque e da Universidade de Punjab, etc. O NRI procurou a ajuda de uma amiga da rapariga, que por sua vez a apresentou a uma firma de advogados sediada em Calcutá. O proprietário do escritório de advogados aceitou aceitar o caso. O escritório de advogados exigiu uma quantia avultada de dinheiro, tendo sido transferido um total de mais de 1,26 milhões de euros em diferentes ocasiões, mas o proprietário continuou a exigir mais dinheiro. O NRI sentiu o cheiro de algo suspeito e denunciou o caso à polícia de Bombaim. O NRI enviou todos os e-mails que recebeu da rapariga, da sua amiga e do proprietário do escritório de advogados. Após a investigação forense do correio eletrónico, verificou-se que o endereço IP das três pessoas provinha da mesma fonte. Após investigação, verificou-se que a identidade da rapariga e dos seus amigos era virtual, ou seja, não existia. O proprietário do escritório de advogados foi o mentor que assumiu a falsa identidade de todas as pessoas e criou este projeto.

história falsa para chantagear o NRI.

4. As instalações nucleares do Irão em Natanz foram atacadas pelo vírus *Stuxnet*, que se crê ter sido desenvolvido pelos EUA (Shubert, 2011). Não foi possível injetar o vírus através da Internet, uma vez que a rede das instalações nucleares do Irão é uma rede privada e estava isolada do resto do mundo. O vírus começou por infetar o utilitário de terceiros utilizado pelas instalações de Natanz e conseguiu aceder à rede. O vírus foi concebido para atacar um software de sistema específico que controla o funcionamento dos controladores Siemens. O vírus acelera ou abranda as centrifugadoras, desgastando-as prematuramente. Além disso, sequestrou o sistema e enviou sinais falsos sobre a saúde e o estado da central nuclear. Por conseguinte, quando o efeito do vírus foi detectado, já era demasiado tarde e o vírus causou muitos danos à central nuclear.

5. Um trojen mail foi utilizado para piratear o nome de utilizador e a palavra-passe da conta corrente da empresa RPG Group, sediada em Bombaim, e desviou 2,41 milhões de rupias através do Real Time Gross Sattlement (RTGS) (Narayan, 2013). Os funcionários do banco suspeitaram quando repararam na enorme quantidade de dinheiro transferida. Confirmaram o mesmo junto dos funcionários da empresa, que negaram a transferência do dinheiro para as contas designadas. Com base nos nomes e na morada dos titulares das contas que receberam o dinheiro, a polícia veio a saber que os titulares das contas permitiram que o principal arguido utilizasse a sua conta em troca de uma comissão avultada.

6. A polícia de Chennai desvendou um caso de fraude com cartões de crédito, em que dois funcionários da BPO, com a ajuda do filho do arguido, aumentaram o limite do cartão de crédito e o endereço de comunicação do titular do cartão de crédito (Madhya Pradesh State Cyber Police, 2013). Entraram ilegalmente no computador da empresa para descobrir os dados do titular do cartão de crédito. A empresa de cartões de crédito foi enganada em cerca de 7 lakhs antes de o incidente ser detectado. Devido ao facto de o endereço de comunicação ter sido alterado, o titular do cartão de crédito não pôde receber os extractos mensais gerados no final do mês. O caso foi registado na polícia de Chennai. Após a investigação forense digital do sistema informático do BPO, verificou-se que os seus dois empregados tinham acedido ilegalmente ao computador para aceder ao registo dos clientes.

7. Um caso de violação de direitos de autor foi registado em Andhra Pradesh (Nandanwar, 2013). Uma conhecida empresa operadora de serviços móveis lançou uma campanha promocional, na qual oferecia um telemóvel a um preço muito baixo aos seus clientes, com um período de fidelização de três anos. O software do telemóvel foi configurado de forma a que, durante o período de fidelização, o simulador de qualquer outra empresa não pudesse funcionar com o aparelho. Um concorrente dessa empresa aliciou os actuais clientes da empresa que lhe ofereceu o telemóvel a "desbloqueá-lo", decifrando

o software do telemóvel para que qualquer outro simulador pudesse ser utilizado com o aparelho. A empresa denunciou o crime e o caso foi registado ao abrigo da violação dos direitos de autor, nos termos do artigo 63.

8. Um bando de criminosos está ativo no ciberespaço, roubando os dados dos cartões de crédito dos titulares dos cartões nos POS dos centros comerciais, bombas de gasolina, restaurantes, hotéis, etc., e utilizando esses cartões para reservar bilhetes de avião em linha. De acordo com os relatórios, mais de 15 000 cartões de crédito foram utilizados de forma fraudulenta por estes criminosos para reservar bilhetes em linha, o que representa uma perda de receitas de cerca de 17 milhões de rupias. Estes criminosos utilizam infra-estruturas públicas, como cibercafés, etc., para reservar estes bilhetes, o que dificulta a sua deteção. A fraude foi detectada quando os clientes foram cobrados pela reserva de um bilhete de avião e apresentaram queixa junto dos bancos emissores dos cartões, alegando que os bilhetes nunca tinham sido reservados por eles.

9. No ano 2000, um worm conhecido como Love Bug worm ou VBS/Loveletter, que visava especialmente os sistemas informáticos baseados no sistema operativo Windows, causou danos no valor de cerca de 22 000 milhões de rupias. É recebido um correio não solicitado contendo "ILOVEYOU" na linha de assunto e LOVE-LETTER-FOR- YOU.TXT.vbs como anexo. Se o utilizador clicar no anexo, a máquina é infetada e o worm começa a procurar em todas as unidades do computador e a corromper os ficheiros. Começa também a reencaminhar as cópias do e-mail para todos os contactos do Outlook adicionados ao livro de endereços do utilizador. Cerca de 10% das máquinas ligadas à Internet foram infectadas em pouco tempo (Madhya Pradesh State Cyber Police, 2013). Muitas grandes organizações, incluindo o Parlamento britânico e o Pentágono, tiveram de encerrar o sistema de correio eletrónico para impedir que este worm se propagasse na sua rede.

10. Atualmente, as fraudes em matéria de diplomas em linha são muito

populares na Internet, onde são oferecidos diplomas em linha acreditados por universidades falsas (Gollin, 2003).

Estas fábricas de diplomas oferecem-se para transformar a sua experiência profissional num diploma em troca de dinheiro. As transcrições são também emitidas aos estudantes com base numa autoavaliação. Só quando o estudante é rejeitado por causa de um diploma falso é que se apercebe de que caiu numa fraude em linha.

11. É possível acreditar que um tweet falso pode custar 136 biliões de dólares de prejuízo em segundos (Fisher, 2013). As bolsas de valores dos EUA caíram em resposta a uma mensagem falsa enviada através de uma conta pirateada da Associated Press, nos EUA, que relatava duas explosões na Casa Branca e que o Presidente Barack Obama tinha ficado ferido. Mais tarde, o Exército Eletrónico Sírio, um grupo terrorista, reivindicou a responsabilidade pelo hacking da AP no seu próprio Twitter. A pirataria foi efectuada através do envio de um e-mail de phishing. Assim que se clicou na ligação do e-mail de phishing, foi instalado um spyware no computador e as informações armazenadas no sistema foram enviadas para servidores remotos. Utilizando esta informação, a conta da AP foi pirateada e foi criado um embuste que afectou os sentimentos dos investidores da Bolsa de Valores de Nova Iorque e resultou em grandes perdas.

12. Recentemente, surgiu um novo vírus que infecta as máquinas de Ponto de Venda (POS) e rouba o registo de pagamento do cartão de crédito dos clientes. Estes dados confidenciais, como códigos PIN, números de cartão de crédito, data de validade, número CCV, etc., são rastreados e enviados para os piratas informáticos, de modo a que esta informação possa ser utilizada indevidamente para cometer fraudes financeiras (US-CERT, 2014).

13. As pessoas com más intenções não procuram apenas os seus dados privados e confidenciais, mas também a sua infraestrutura de comunicação, para que a sua identidade possa ser utilizada para ocultar a sua identidade, de modo a não serem apanhadas depois de

criarem nexo. O grupo terrorista Indian Mujahideen (IM) utilizou a rede wi-fi desprotegida de Kenneth Haywood, um cidadão norte-americano residente em Bombaim. Invadiram a sua rede wi-fi e enviaram uma mensagem eletrónica, que continha o seu endereço IP, a uma agência noticiosa apenas 5 minutos antes da explosão de Ahemdabad (Chowdhury, Nair, & Johnson, 2008).

14. O terrorista utilizou a rede wi-fi aberta do Matunga's Khalsa College of Arts, Science and Commerce, em Bombaim, para enviar uma mensagem de correio eletrónico terrorista a um órgão de comunicação social (The Indian Express, 2008). Os terroristas acederam remotamente ao router e apagaram os registos do sistema depois de utilizarem a rede, de modo que se tornou difícil para os investigadores localizar a origem do correio eletrónico.

15. A engenheira de software Asma Sandip Thorve, sediada em Pune, foi detida pela divisão de delitos económicos da polícia de Pune por ter roubado ilegalmente o código-fonte do produto de software e outras informações confidenciais da Brainvisa Technologies, o que levou a empresa a perder 46,5 milhões de rupias (Times of India, 2009).

16. Está a desenvolver-se um novo tipo de crime na Internet, em que um potencial parceiro de negócios lhe oferece uma oportunidade de negócio a partir de casa, sem investimento e com uma comissão muito lucrativa (Castillo, 2007). Quando a pessoa concorda em trabalhar com a empresa, o potencial parceiro de negócio pede-lhe os seus dados, como morada, números de telefone, fotografia, data de nascimento, etc. Passado algum tempo, a pessoa recebe uma encomenda no seu endereço com instruções de reembalagem, juntamente com a lista de endereços para onde essas encomendas devem ser enviadas para o estrangeiro. Na realidade, estas mercadorias são compradas com cartões de crédito roubados e são entregues no endereço fornecido pela pessoa. A pessoa será responsabilizada se o endereço de entrega das mercadorias for localizado pelos investigadores. O verdadeiro problema começa quando chega a sua comissão. A comissão é enviada sob a forma de

cheque de um terceiro e o seu montante é superior ao esperado. Alguns dias depois, é recebida uma instrução para devolver o montante em excesso por via eletrónica. Quando o montante em excesso for transferido eletronicamente, o banco descobrirá que o cheque é falso e a pessoa será responsabilizada por este ato.

17. Alguns dos clientes do banco ICICI foram vítimas de ataques de phishing (Nair, 2009). Alguns dos clientes receberam uma mensagem de correio eletrónico de uma pessoa que dizia ser funcionário do banco ICICI. Pedia aos clientes que actualizassem as informações da sua conta utilizando uma ligação que os reencaminhava para uma página muito semelhante à página Web do banco ICICI. O caso foi registado pelos funcionários do banco quando esta fraude chegou ao conhecimento do banco, quando alguns dos clientes ficaram desconfiados e informaram o departamento de TI do banco para verificar a origem da mensagem de correio eletrónico. Os funcionários do banco ficaram surpreendidos ao descobrirem que o sítio Web, que se assemelhava muito ao sítio Web oficial do banco, era muito semelhante. Se o cliente utilizasse essa hiperligação para atualizar as credenciais da sua conta, iniciando sessão no sítio Web falso utilizando a sua identificação de utilizador e a palavra-passe, esses dados chegariam aos piratas informáticos, que poderiam posteriormente utilizar essas informações para iniciar sessão na conta do cliente e transferir dinheiro ou comprar bens em linha.

18. Os cibercriminosos têm como alvo as estações de serviço nos Estados Unidos para roubar os dados dos cartões de crédito e dos cartões de débito. O pirata informático colocou skimmers de cartões de crédito com Bluetooth na maior parte das estações de serviço localizadas no Sul dos Estados Unidos. Os dados dos clientes, que incluem informações como o número de conta, PIN, CVV, etc., foram utilizados pelos piratas informáticos para levantar mais de 2 milhões de dólares da caixa multibanco, situada sobretudo em Manhattan.

19. Os piratas informáticos utilizaram as ferramentas utilizadas pelas agências de aplicação da lei para analisar os dados dos iPhones e obter

fotografias privadas de celebridades femininas nos EUA (Hazen, 2014). Pensa-se que os piratas informáticos utilizaram um software chamado Elcomsoft Phone Password Breaker e iBrute para entrar no sítio da Apple e descarregar os ficheiros de segurança para as suas máquinas.

20. Há muitos incidentes em que países não amigos lançam ciberataques para aceder a informações sensíveis. Um desses incidentes é a suspeita de envolvimento da Rússia na pirataria informática do sistema financeiro dos EUA (Farberov, 2014). Um dos principais bancos, o JPMorgan Chase, terá sido atacado por piratas informáticos russos. Os piratas informáticos conseguiram retirar os dados sensíveis do servidor do banco.

21. Recentemente, uma empresa chinesa de telemóveis, a Xiaomi, foi considerada culpada por enviar dados sensíveis para servidores chineses (Kumar, 2014). Esta informação inclui sms, fotografias, lista de contactos, etc., sem o conhecimento dos utilizadores. Não é a primeira vez que uma empresa chinesa é suspeita de espionagem e o governo dos EUA proibiu a utilização de equipamentos chineses em alguns dos seus principais estabelecimentos.

INICIATIVAS DE CIBERSEGURANÇA NA ÍNDIA

5.1 INTRODUÇÃO

Com o crescimento da Internet, a dependência dos computadores aumentou exponencialmente. O desafio consiste em proteger dos ciberataques as infra-estruturas críticas de informação, como o sector da aviação civil, o sistema de reservas de passageiros dos caminhos-de-ferro e a rede de comunicações, a gestão portuária, as empresas e organizações dos sectores da energia, do petróleo e do gás natural, a banca e as finanças, o sector das telecomunicações, etc. A Índia ocupa o quarto lugar entre os 50 principais países em termos de número de queixas de cibercrime comunicadas ao Internet Crime Complaint Centre (IC3), precedida apenas pelos EUA, Canadá e Reino Unido, com base no relatório anual de 2014 do IC3 (The Telegraph, 2015).

A escassez de mão de obra formada em matéria de cibersegurança é motivo de grande preocupação para a Índia. Em comparação com a China, os EUA e a Rússia, que dispõem, respetivamente, de 125 000, 9 1080 e 7300 peritos em cibersegurança com formação, a Índia tem apenas 556 peritos em cibersegurança colocados em vários organismos públicos (Joshi, 2013). A Índia é considerada uma superpotência informática que é um grande exportador de software e acolhe grandes empresas subcontratadas baseadas nas ITES. Por conseguinte, as TI constituem uma parte importante da economia indiana. Recentemente, a União Europeia detectou lacunas no sistema de segurança de dados da Índia e sugeriu a criação de um grupo conjunto de peritos para propor formas de o país reforçar as medidas para se qualificar como uma nação segura em termos de dados (Sen, 2013). Por conseguinte, a Índia deve procurar seriamente atualizar as suas infra-estruturas de segurança da informação e reformular as suas políticas cibernéticas para obter o estatuto de país seguro em matéria de dados da UE. Este aspeto é crucial para que a Índia retenha as actividades subcontratadas de alto nível, que têm potencial para aumentar dos actuais 20 mil milhões de dólares para 50 mil milhões de dólares.

5.2 INICIATIVAS DE COMBATE À CIBERSEGURANÇA NA ÍNDIA

Para combater os ataques à cibersegurança, o Governo da Índia tomou algumas iniciativas que são enumeradas a seguir:

1. **Centro Nacional de Luta contra o Terrorismo (NCTC):** Após o atentado de 26/11 em 2008, o governo indiano apercebeu-se subitamente da importância das iniciativas de luta contra o terrorismo e propôs o Centro Nacional de Luta contra o Terrorismo (NCTC) para fornecer informações aos decisores e planear as actividades de luta contra o terrorismo. O NCTC deve coordenar as várias agências governamentais estatais e centrais e servir de ponto único e eficaz de controlo e coordenação de todas as medidas de luta contra o terrorismo. Tem como modelo o NCTC americano e o Centro Conjunto de Análise do Terrorismo da Grã-Bretanha e as suas competências decorrem da Lei de Prevenção de Actividades Ilícitas de 1967 (Mrunal, 2012).

2. **Programa Nacional de Garantia de Segurança da Informação (NISAP):** Para sensibilizar as pessoas do governo e das organizações do sector crítico, o CERT-In tomou uma iniciativa designada Programa Nacional de Garantia da Segurança da Informação (NISAP), para desenvolver e aplicar uma política de segurança da informação e as melhores práticas de segurança da informação baseadas na norma ISO/IEC 27001 para proteger as suas infra-estruturas. O CERT-in criou instalações de perícia informática para a investigação de cibercrimes e para dar formação prática aos organismos responsáveis pela aplicação da lei e ao sistema judicial. Esta infraestrutura está a ser ampliada para incluir a investigação forense de redes e a investigação forense móvel. O CERT-In está a cooperar com a defesa, os bancos, o sistema judiciário e os organismos responsáveis pela aplicação da lei na formação dos seus funcionários e na prestação de apoio à investigação de cibercrimes (Srinath, 2006).

3. **Equipa de Resposta a Emergências Informáticas da Índia (CERT-In):** A Equipa Indiana de Resposta a Emergências Informáticas foi

criada em 2004 pelo Departamento de Tecnologias da Informação. O objetivo da criação da CERT-In era responder a incidentes de segurança informática, comunicar vulnerabilidades e promover práticas eficazes de segurança informática em todo o país, sendo também responsável pela supervisão da administração da lei informática (CERT-In, 2014).

4. **Fórum de Segurança Cibernética Índia-EUA (IUSCSF):** O Fórum de Cibersegurança Índia-EUA foi criado em 2001 e dedica-se a proteger a infraestrutura crítica da economia baseada no conhecimento. Os membros do fórum são várias organizações governamentais e do sector privado, tanto da Índia como dos Estados Unidos, que trabalham sob os auspícios do fórum, identificaram os riscos e as preocupações comuns em matéria de cibersegurança e elaboraram um plano de trabalho orientado para a ação sobre a segurança dos sistemas de informação em rede. O Fórum centra-se na cibersegurança, na ciberforense e na investigação conexa e trabalha no sentido de reforçar a cooperação entre os serviços responsáveis pela aplicação da lei de ambas as partes na luta contra o cibercrime. Os serviços de defesa de ambos os países reforçarão a sua interação através do intercâmbio de experiências em matéria de organização, tecnologia e procedimentos. A cooperação em curso entre o STQC da Índia e o Instituto Nacional de Normas e Tecnologia dos EUA (NIST) alargar-se-á a novos domínios, incluindo a harmonização de normas. O CII e o seu homólogo americano decidiram criar um Centro de Análise e Partilha de Informações (ISAC) e uma Aliança Anti-Bot na Índia ("bot" refere-se a software que pode ser encarregado de invadir computadores e realizar actividades maliciosas à distância em nome de piratas informáticos) (Press Information Bureau, 2006).

5. **Centro Nacional de Proteção das Infra-estruturas Críticas de Informação (NCIPC) da Índia:** É declarado como uma agência nodal para a proteção das infra-estruturas críticas da informação da Índia e é responsável por todas as medidas, incluindo a I&D, para a proteção das infra-estruturas críticas da informação. Algumas das actividades que o NCIIPC realiza são (Chander, 2013):

a. Identificação dos subsectores críticos

b. Estudo da infraestrutura de informação dos subsectores críticos identificados

c. Emissão de alertas/avisos cibernéticos diários/mensais

d. Análise de malware

e. Rastreio de zombies e IPs de propagação de malware

f. Actividades de ciber-forense

g. Investigação e desenvolvimento para um ambiente inteligente e seguro.

h. Facilitar aos proprietários de informações críticas a adoção de políticas, normas e melhores práticas adequadas para a proteção das informações críticas.

i. Conferência anual CISO para sectores críticos.

j. Sensibilização e formação

k. Funcionamento e helpdesk 24X7

6. **Projeto de Rede Nacional de Informação (Natgrid) da Índia:** É o projeto

rede integrada de informações desenvolvida pelo C-DAC-Pune que liga as bases de dados das principais agências de segurança do Governo da Índia (C- DAC, 2014). Trata-se de uma medida de luta contra o terrorismo que recolhe e reúne uma série de informações provenientes de bases de dados governamentais, incluindo dados fiscais e bancários, transacções com cartões de crédito, registos de vistos e de imigração e itinerários de viagens ferroviárias e aéreas (Yasmeen, 2013). Estes dados combinados serão disponibilizados a 11 agências centrais, que são: Research and Analysis Wing, o Intelligence Bureau, Central Bureau of Investigation, Financial intelligence unit, Central Board of Diret Taxes, Directorate of Revenue Intelligence,Enforcement Directorate, Narcotics Control Bureau,

Central Board of Excise and Customs e a Directorate General of Central Excise Intelligence.

7. **Projeto CCTNS (Crime and Criminal Tracking Networks and Systems) da Índia:**
Trata-se de um projeto no âmbito do Plano Nacional de Governação Eletrónica (NeGP), que abrange os 28 Estados e as 7 UT, e que visa a criação de uma infraestrutura de rede à escala nacional para a evolução de um sistema de rastreio sofisticado, baseado nas tecnologias da informação, em torno da "investigação do crime e da deteção de criminosos" (PTI, 2013). Os objectivos do CCTNS consistem em facilitar a recolha, o armazenamento, a recuperação, a análise, a transferência e a partilha de dados e informações na esquadra de polícia e entre esta e a sede do Estado e as organizações centrais de polícia. O CCTNS forneceria uma base de dados abrangente sobre crimes e criminosos, e seria mais fácil para os serviços de aplicação da lei localizar um criminoso que se deslocasse de um local para outro.

8. **Centro Nacional de Coordenação Cibernética (NCCC):** O Centro Nacional de Coordenação Cibernética é uma proposta de agência de cibersegurança e de vigilância eletrónica na Índia. Destina-se a analisar os metadados das comunicações e a coordenar as actividades de recolha de informações de outras agências. Algumas das componentes do NCCC incluem uma estratégia de prevenção de ciberataques, investigações de ciberataques e formação, etc.

9. **Centro de limpeza de botnets:** Como parte do programa Digital India, o Governo está a criar um centro que irá detetar programas maliciosos como "botnets" e ajudar as pessoas a remover esses softwares nocivos dos seus dispositivos. "O Governo está a criar um centro de limpeza de "botnets" e de análise de malware", segundo os meios de comunicação social. Botnet é uma rede de software malicioso. Pode roubar informações, assumir o controlo das funções do dispositivo e realizar ciberataques como a negação de serviço distribuída (DdoS).

10. **Política de correio eletrónico do Governo da Índia:** Atualmente, o

correio eletrónico é considerado a principal fonte de comunicação entre indivíduos e organizações. O mesmo se aplica ao Governo da Índia (GOI). O correio eletrónico tornou-se o principal meio de comunicação de todo o governo. Com a crescente utilização do correio eletrónico para comunicar entre diferentes agências governamentais, a política de correio eletrónico foi estabelecida pelo Governo da Índia (GOI) em outubro de 2013. Aqui vamos cobrir algumas das cláusulas importantes da política, os leitores são aconselhados a descarregar a política do sítio Web do Departamento de Eletrónica e TI.

11. **Ministério dos Assuntos Internos (MHA):** O Ministério dos Assuntos Internos (MHA) é um ministério do Governo da Índia. Sendo um ministério do interior, é o principal responsável pela manutenção da segurança interna e da política interna. Recomenda-se aos leitores que leiam o relatório anual do Ministério dos Assuntos Internos. O Ministério dos Assuntos Internos (MHA) tem várias responsabilidades, sendo as mais importantes a segurança interna, a gestão das fronteiras, as relações entre o Centro e o Estado, a administração dos Territórios da União, a gestão das Forças Policiais Armadas Centrais, a gestão de catástrofes, etc.

12. **National Crime Records Bureau (NCRB):** O NCRB esforça-se por dotar a polícia indiana de tecnologias da informação e de informações criminais que lhe permitam aplicar a lei de forma eficaz e eficiente e melhorar a prestação de serviços públicos. Este objetivo será alcançado através da coordenação com as forças policiais a nível nacional e internacional, da atualização da tecnologia de análise criminal, do desenvolvimento de capacidades de TI e de soluções baseadas em TI.

13. **Conselho de Segurança dos Dados da Índia (DSCI):** O Conselho de Segurança de Dados da Índia (DSCI) é um organismo industrial de primeira linha para a proteção de dados na Índia, criado pela NASSCOM, empenhado em tornar o ciberespaço seguro, protegido e fiável, estabelecendo as melhores práticas, normas e iniciativas em matéria de cibersegurança e privacidade. A DSCI reúne os governos nacionais e as suas agências, os sectores industriais, incluindo IT-BPM, BFSI, Telecom, associações industriais, autoridades de proteção de dados e grupos de

reflexão para iniciativas de sensibilização do público, liderança de pensamento, reforço de capacidades e divulgação. Para promover os seus objectivos, a DSCI colabora com governos, entidades reguladoras, associações industriais e grupos de reflexão em questões políticas. Para reforçar a liderança em matéria de cibersegurança e privacidade, a DSCI desenvolve as melhores práticas e quadros, publica estudos, inquéritos e documentos. Reforça as capacidades em matéria de segurança, privacidade e ciber-forense através de programas de formação e certificação para profissionais e agências de aplicação da lei e envolve as partes interessadas através de várias iniciativas de divulgação, incluindo eventos, prémios, capítulos, consultas e programas para membros. A DSCI também se esforça por aumentar a quota da Índia no mercado global de produtos e serviços de segurança através de iniciativas de desenvolvimento do comércio global. Estas têm por objetivo reforçar a cultura da segurança e da privacidade na Índia.

ORIENTAÇÕES PARA UMA PALAVRA-PASSE SEGURA, VERIFICAÇÃO EM DUAS ETAPAS E UTILIZAÇÃO DE UM ANTIVÍRUS GRATUITO

6.1 GERAR UMA PALAVRA-PASSE SEGURA

6.1.1 Orientações para definir uma palavra-passe segura[10]

Escolher a palavra-passe certa é algo que muitas pessoas consideram difícil. Hoje em dia, há tantas coisas que requerem palavras-passe que lembrar-se de todas pode ser um verdadeiro problema. Talvez por isso, muitas pessoas escolhem muito mal as suas palavras-passe. As dicas simples que se seguem destinam-se a ajudá-lo a escolher uma boa palavra-passe.

Noções básicas

- ✓ Utilize pelo menos oito caracteres; quanto mais caracteres, melhor, mas a maioria das pessoas achará difícil lembrar-se de algo com mais de 15 caracteres.
- ✓ Utilize uma mistura aleatória de caracteres, maiúsculas e minúsculas, números, pontuação, espaços e símbolos.
- ✓ Não utilize uma palavra encontrada num dicionário, inglês ou estrangeiro.
- ✓ Nunca utilize a mesma palavra-passe duas vezes.

Coisas a evitar

- ✓ Não se limite a acrescentar um único dígito ou símbolo antes ou depois de uma palavra, por exemplo, "apple1"
- ✓ Não duplique uma única palavra, por exemplo, "appleapple".
- ✓ Não inverta simplesmente uma palavra, por exemplo, "elppa"
- ✓ Não basta retirar as vogais, por exemplo, "ppl"
- ✓ Sequências de teclas que podem ser facilmente repetidas, por exemplo, "qwerty", "asdf", etc.
- ✓ Não se limite a misturar letras, por exemplo, convertendo **e** em **3**, **L** ou **i** em **1**, **o** em **0**, como em "z3r0- 10v3"

Dicas

- ✓ Escolha uma palavra-passe de que se possa lembrar para não ter de estar sempre a procurá-la, o que reduz a possibilidade de alguém descobrir onde a escreveu.
- ✓ Escolha uma palavra-passe que possa escrever rapidamente, o que reduz a possibilidade de alguém descobrir a sua palavra-passe olhando por cima do seu ombro.

Palavras-passe más

- ✓ Não utilize palavras-passe baseadas em informações pessoais, tais como: nome, alcunha, data de nascimento, nome da mulher, nome do animal de estimação, nome dos amigos, cidade natal, número de telefone, número da segurança social, número de registo do automóvel, morada, etc. Isto inclui a utilização de apenas parte do seu nome ou parte da sua data de nascimento.
- ✓ Não utilize palavras-passe baseadas em objectos localizados perto de si. As palavras-passe como "computador", "monitor", "teclado", "telefone", "impressora", etc. são inúteis.
- ✓ Nunca se sinta tentado a utilizar uma daquelas palavras-passe tão comuns que são fáceis de memorizar mas que não oferecem qualquer segurança, por exemplo, "password", "letmein".
- ✓ Nunca utilize uma palavra-passe baseada no seu nome de utilizador, nome da conta, nome do computador ou endereço de correio eletrónico.

Escolher uma palavra-passe

- ✓ Utilize um bom software gerador de palavras-passe.
- ✓ Utilizar a primeira letra de cada palavra de um verso de uma canção ou poema.
- ✓ Alternar entre uma consoante e uma ou duas vogais para produzir palavras sem sentido, por exemplo, "taupouti".
- ✓ Escolha duas palavras curtas e concatene-as com um carácter de pontuação ou símbolo entre as palavras. ex.: "seat%tree"

Alterar a sua palavra-passe

- ✓ Deve alterar a sua palavra-passe regularmente. Sugiro que uma vez por mês seja razoável para a maioria das finalidades.
- ✓ Deve também alterar a sua palavra-passe sempre que suspeitar que alguém a conhece, ou mesmo que a pode adivinhar, se estiver atrás de si enquanto a escreve.
- ✓ Não se esqueça de não reutilizar uma palavra-passe.

Proteger a sua palavra-passe

- ✓ Nunca guarde a sua palavra-passe no seu computador, exceto de forma encriptada. Tenha em atenção que a cache de palavras-passe que vem com o Windows (ficheiros .pwl) NÃO é segura, por isso, sempre que o Windows lhe pedir para "Guardar palavra-passe", não o faça.
- ✓ Não diga a **ninguém** a sua palavra-passe, nem mesmo ao administrador do sistema
- ✓ Nunca envie a sua palavra-passe por correio eletrónico ou outro canal não seguro
- ✓ Sim, escreva a sua palavra-passe, mas não deixe o papel espalhado por aí, tranque-o algures, de preferência fora do local e definitivamente à chave.
- ✓ Tenha muito cuidado quando introduzir a sua palavra-passe com outra pessoa na mesma sala.

Recordar a sua palavra-passe

Lembrar-se das palavras-passe é sempre difícil e, por isso, muitas pessoas sentem-se tentadas a escrevê-las em pedaços de papel. Como já foi referido, esta é uma péssima ideia. Então, o que é que se pode fazer?

- ✓ Utilize um gestor de palavras-passe seguro. Consulte a página de transferências para obter uma lista de alguns que não lhe custam nada.
- ✓ Utilize um ficheiro de texto encriptado com um utilitário de encriptação forte.

- ✓ Escolha palavras-passe que sejam mais fáceis de memorizar.

Maus exemplos

- ✓ "fred8" - Baseado no nome do utilizador, também demasiado curto.
- ✓ "christine" - O nome da namorada do utilizador, fácil de adivinhar
- ✓ "kciredref" - O nome do utilizador por trás
- ✓ "indescritível" - Registado num dicionário
- ✓ "iNdesCribaBle" - O simples facto de adicionar letras maiúsculas aleatórias não o torna seguro.
- ✓ "gandalf" - Listado em listas de palavras
    - o "zeolite" - Encontrado num dicionário geológico
- ✓ "qwertyuiop" - Listado em listas de palavras
    - o "merde!" - Listado num dicionário de línguas estrangeiras

Bons exemplos

Nenhum destes bons exemplos é, de facto, uma boa palavra-passe, porque já foram publicados aqui e toda a gente os conhece. Escolha sempre a sua própria palavra-passe e não utilize a de outra pessoa.

- ✓ "mItWdOtW4Me" - A segunda-feira é o pior dia da semana para **mim**.

Como é que um potencial hacker poderia obter a minha palavra-passe?

Existem quatro técnicas principais que os hackers podem utilizar para obter a sua palavra-passe:

1. **Rouba-o.** Isso significa olhar por cima da sua senha quando a escreve, ou encontrar o papel onde a escreveu. Esta é provavelmente a forma mais comum de as palavras-passe serem comprometidas, pelo que é muito importante que, se escrever a sua palavra-passe, mantenha o papel extremamente seguro. Lembre-se também de não escrever a sua palavra-passe quando alguém pode estar a ver.

2. **Adivinhe.** É espantoso o número de pessoas que utilizam uma palavra-passe baseada em informações que podem ser facilmente adivinhadas. Os psicólogos dizem que a maioria dos homens utiliza obscenidades de 4 letras como palavras-passe e a maioria das mulheres utiliza os nomes dos seus namorados, maridos ou filhos.

3. **Um ataque de força bruta.** Este método consiste em tentar adivinhar a palavra-passe através de todas as combinações possíveis de letras, números e símbolos. Embora seja uma tarefa extremamente trabalhosa, com os processadores rápidos e as ferramentas de software modernas, este método não deve ser subestimado. Um PC Pentium 100 pode normalmente tentar 200 000 combinações por segundo, o que significa que uma palavra-passe de 6 caracteres contendo apenas maiúsculas e minúsculas pode ser adivinhada em apenas 27½ horas.

4. **Um ataque de dicionário.** Um método mais inteligente do que o ataque de força bruta descrito acima é o ataque de dicionário. Neste caso, as combinações tentadas são primeiro escolhidas a partir de palavras disponíveis num dicionário.

Estão prontamente disponíveis ferramentas de software que podem tentar todas as palavras de um dicionário ou lista de palavras, ou ambos, até que a sua palavra-passe seja encontrada. Estão disponíveis dicionários com centenas de milhares de palavras, bem como dicionários especializados, técnicos e de línguas estrangeiras, bem como listas de milhares de palavras que são frequentemente utilizadas como palavras-passe, tais como "qwerty", "abcdef' etc.

6.2 UTILIZAR O GESTOR DE SENHAS

Utilizamos palavras-passe para garantir a segurança e a confidencialidade dos nossos dados. Um dos maiores crimes dos tempos modernos é o roubo de identidade, que é facilmente conseguido quando as palavras-passe são comprometidas. A necessidade do momento é uma boa gestão das palavras-passe. Já alguma vez pensou numa alternativa para se lembrar das suas palavras-passe e não introduzir repetidamente as suas credenciais de início de sessão? Os gestores de palavras-passe são uma das melhores formas de armazenar, fazer cópias de segurança e gerir as suas palavras-passe. Uma boa palavra-passe é difícil de memorizar e é por isso que um gestor de palavras-passe é útil. Encripta todas as diferentes palavras-passe que são guardadas com uma palavra-passe mestra, a única de que tem de se lembrar.

6.2.1 O que é um gestor de palavras-passe?

Um gestor de palavras-passe é um software que ajuda o utilizador a gerir palavras-passe e informações importantes para que possam ser acedidas em qualquer altura e em qualquer lugar. Um excelente gestor de palavras-passe ajuda a armazenar informações de forma segura sem comprometer a segurança. Todas as palavras-passe são guardadas utilizando algum tipo de encriptação, de modo a dificultar a sua exploração por terceiros.

6.2.2 Por que razão deve utilizá-lo?

Se tiver dificuldade em lembrar-se das palavras-passe de todos os sítios Web e não quiser passar pelo processo de

"Esqueceu-se da palavra-passe?", então um gestor de palavras-passe é o que procura. Estes são concebidos para armazenar todos os tipos de informações críticas de início de sessão relacionadas com diferentes sítios Web.

6.2.3 Como é que funciona?

Os gestores de palavras-passe podem ser armazenados online ou localmente. Os gestores de palavras-passe online guardam as informações numa nuvem online, que pode ser acedida em qualquer altura e em qualquer lugar. Os gestores de palavras-passe locais guardam as informações no servidor local, o que os torna menos acessíveis. Ambos têm as suas próprias vantagens, e o gestor que utilizar dependerá das suas necessidades.

Os gestores de palavras-passe online utilizam extensões do browser que guardam os dados num perfil local, sincronizando-os com um servidor na nuvem. Alguns outros gestores de palavras-passe utilizam suportes amovíveis para guardar a palavra-passe, para que possa levá-la consigo e não tenha de se preocupar com problemas online. Estas duas opções também podem ser combinadas e utilizadas como autenticação de dois factores para que os dados estejam ainda mais seguros.

6.2.4 Alguns gestores de palavras-passe populares

As palavras-passe são guardadas utilizando diferentes encriptações com base nos serviços que as empresas fornecem. Os melhores gestores de palavras-passe utilizam um protocolo de encriptação de 256 bits (ou mais) para uma maior segurança, que foi aceite pela Agência de Segurança Nacional dos EUA para o tratamento de informações ultra-secretas. Se pensou em utilizar um gestor de senhas e ainda não se decidiu por um, esta secção apresenta os cinco melhores.

1. **KeePassX:** O KeePassX é uma aplicação de gestão de palavras-passe de código aberto, multiplataforma e leve, publicada sob os termos da GNU General Public License. Ele foi construído com base nas bibliotecas Qt. O KeePassX armazena informações sobre nomes de utilizador, palavras-passe e outras informações de início de sessão numa base de dados segura. O KeePassX utiliza o seu próprio gerador de palavras-passe aleatórias, o que facilita a criação de palavras-passe fortes para uma maior segurança. Inclui também uma poderosa e rápida ferramenta de pesquisa com a qual uma palavra-chave de um sítio Web pode ser utilizada para encontrar credenciais de início de sessão que tenham sido armazenadas na base de dados. Permite aos utilizadores personalizarem grupos, tornando-o mais fácil de utilizar. O KeePassX não se limita a armazenar apenas nomes de utilizador e palavras-passe, mas também notas de forma livre e qualquer tipo de ficheiros de texto confidenciais.

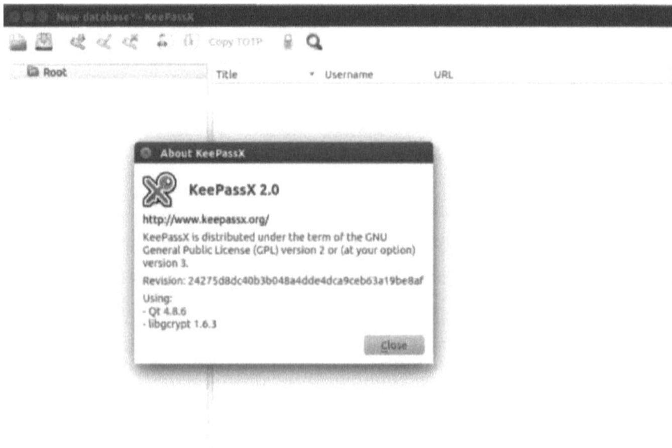

Figura 9: KeePassX

Caraterísticas

- *Interface de utilizador simples:* A estrutura em árvore do painel esquerdo facilita a distinguir entre diferentes grupos e entradas, enquanto o painel direito apresenta informações mais pormenorizadas.
- *Acesso portátil aos suportes:* A sua portabilidade torna-o fácil de utilizar, uma vez que não há necessidade de o instalar em todos os computadores.
- *Função de pesquisa:* Pesquisa em toda a base de dados ou em cada grupo.
- *Preenchimento automático:* Não é necessário introduzir as credenciais de início de sessão; o A aplicação fá-lo sempre que a página Web é carregada. Isto mantém-na segura contra os registadores de chaves.
- *Gerador de palavras-passe:* Esta funcionalidade ajuda a gerar palavras-passe fortes que dificultam os ataques de dicionário. Pode ser personalizado.
- *Autenticação de dois factores:* Permite que o utilizador desbloqueie o base de dados por uma palavra-passe mestra ou por uma chave de

uma unidade amovível.

- *Adiciona anexos:* Qualquer tipo de documento confidencial pode ser

  adicionados à base de dados como um anexo, o que permite aos utilizadores proteger não apenas as palavras-passe.

- *Suporte multiplataforma:* Funciona em todas as plataformas suportadas.

  O KeePassX é uma aplicação de código aberto, pelo que o seu código fonte pode ser compilado e utilizado em qualquer sistema operativo.

- *Segurança:* A base de dados de palavras-passe é encriptada com o AES

  ou o algoritmo Twofish, que utiliza uma chave de encriptação de 256 bits.

- *Data de expiração*: As entradas podem expirar, com base numa data definida pelo utilizador.

- *Importação e exportação de registos: As* entradas*:* do PwManager ou do Kwallet podem ser importadas, e as entradas podem ser exportadas como ficheiros de texto.

- *Suporte multilingue:* Suporta 15 idiomas.

2. **Clipperz:** O Clipperz é um gestor de palavras-passe de código aberto baseado na Web, criado para armazenar informações de início de sessão de forma segura. Os dados podem ser acedidos a partir de qualquer lugar e de qualquer dispositivo sem qualquer instalação. O Clipperz também inclui uma versão offline quando não está disponível uma ligação à Internet.

Figura 10: Clipperz

Caraterísticas

- *Início de sessão direto:* Inicia automaticamente a sessão em qualquer sítio Web sem digitando as credenciais de login, com apenas um clique.

- *Dados offline:* Com um clique, pode ser criada uma cópia local encriptada dos dados como uma página HTML.

- *Sem instalação:* Uma vez que se trata de uma aplicação baseada na Web, não requer qualquer instalação e pode ser acedida a partir de qualquer browser compatível.

- *Importação de dados:* Os dados de início de sessão podem ser importados a partir de diferentes sistemas suportados gestores de palavras-passe.

- *Segurança:* A base de dados é encriptada utilizando código JavaScript no e depois enviada para o sítio Web. Requer uma frase-chave para desencriptar a base de dados, sem a qual os dados não podem ser acedidos.

- *Suporte:* Funciona em qualquer sistema operativo com um

navegador principal que tenha o JavaScript ativado.

3. Password Gorilla: Password Gorilla é um gerenciador de senhas simples e de código aberto, multiplataforma, e um cofre pessoal que pode armazenar informações de login e notas. O Password Gorilla é uma aplicação Tcl/Tk que funciona em Linux, Windows e Mac OS X. As informações de início de sessão são armazenadas na base de dados, que só pode ser acedida através de uma palavra-passe mestra. As palavras-passe são protegidas por SHA256 e a base de dados é encriptada utilizando o algoritmo Twofish. A funcionalidade de extensão de chaves dificulta os ataques de força bruta.

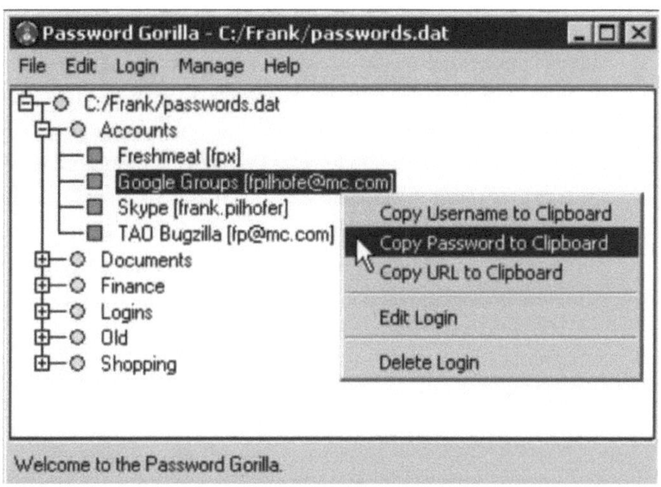

Figura 11: Password Gorilla

Caraterísticas

- *Portátil:* Concebido para ser executado num computador compatível sem ser instalado.
- *Importação de base de dados:* Pode importar a base de dados de palavras-passe guardada no formato CSV.
- *Bloqueia a base de dados quando está inativa:* Bloqueia automaticamente a base de dados quando o computador está inativo

durante um período de tempo específico.

- *Segurança:* Utiliza o algoritmo Twofish para encriptar a base de dados.

- *Pode copiar credenciais:* Os atalhos de teclado podem ser utilizados para copiar credenciais de início de sessão

credenciais para a área de transferência.

- *limpar:* Esta funcionalidade limpa a área de transferência após um período de tempo especificado.

- *Organiza grupos:* Podem ser criados grupos e subgrupos para organizar

palavras-passe para diferentes sítios Web.

4. **Gpassword Manager:** O Gpassword Manager é um utilitário simples, leve e multiplataforma para gerir e aceder a palavras-passe. É publicado sob os termos da Licença Apache. Permite aos utilizadores armazenar senhas/URLs de forma segura na base de dados. As entradas adicionadas podem ser marcadas como favoritas, às quais se pode aceder clicando com o botão direito do rato no ícone do tabuleiro do sistema. As palavras-passe e outras informações de início de sessão apresentadas no ecrã podem ser ocultadas com base nas preferências do utilizador.

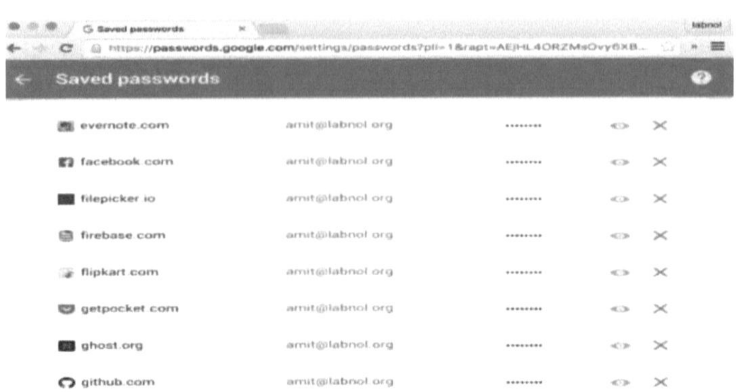

Figura 12: Gestor do Gpassword

Caraterísticas

- *Acesso aos sítios favoritos:* Uma lista de páginas Web favoritas pode ser acedido rapidamente a partir do prático ícone do "tabuleiro".
- *Preenchimento rápido:* As palavras-passe e outras informações podem ser clicadas e arrastados para formulários para um preenchimento rápido.
- *Barra de pesquisa:* A barra de pesquisa rápida permite aos utilizadores pesquisar palavras-passe que são necessárias.
- *Gerador de palavras-passe:* As palavras-passe com opções definidas pelo utilizador podem ser gerados com um simples clique.
- *Lançamento rápido:* Os sítios Web favoritos podem ser acedidos com o botão direito do rato clicando no ícone do tabuleiro.

5. **Password Safe:** O Password Safe é uma aplicação de código aberto simples e gratuita iniciada por Bruce Schneier e lançada em 2002. Atualmente, o Password Safe está alojado no SourceForge e é desenvolvido por um grupo de voluntários. É bem conhecido pela sua facilidade de utilização. É possível organizar as palavras-passe com base nas preferências do utilizador, o que facilita a sua memorização. O backup de toda a base de dados e uma opção de recuperação estão disponíveis para facilitar a utilização. As palavras-passe são mantidas ocultas, o que dificulta a navegação à distância. O Password Safe está licenciado ao abrigo da licença Artistic.

Figura 13: Cofre de senhas

Caraterísticas

- *Facilidade de utilização:* A interface gráfica é muito simples, permitindo que até um principiante a utilize.
- *Várias bases de dados:* Suporta múltiplas bases de dados. E diferentes podem ser criadas bases de dados para cada categoria.
- *Desencriptação segura:* A desencriptação da base de dados de palavras-passe é feita em a RAM, o que não deixa qualquer vestígio dos detalhes de início de sessão no disco rígido.
- *Gerador de palavras-passe:* Suporta a criação de palavras-passe fortes e longas.
- *Pesquisa avançada:* A função de pesquisa avançada permite aos utilizadores pesquisar nos diferentes domínios.
- *Segurança:* Utiliza o algoritmo Twofish para encriptar a base de dados.

6.3 ACTIVAR A VERIFICAÇÃO EM DUAS ETAPAS[12]

Todos os dias, dezenas de milhares de contas pessoais são pirateadas. As informações pessoais são comprometidas, as palavras-passe são decifradas e vidas são postas em risco. Se alguma vez utilizar uma palavra-passe para várias contas, está a aumentar exponencialmente a sua vulnerabilidade à pirataria informática. Felizmente, a Google lançou o seu **sistema de verificação em duas etapas**: sempre que um dispositivo desconhecido é utilizado para iniciar sessão na sua conta Google, o utilizador tem de fornecer um código de verificação *para além* da palavra-passe. Assim, não basta que os piratas informáticos obtenham a sua palavra-passe; também precisam de controlar fisicamente o seu telefone ou computador para aceder à sua conta.

Passo 1: Inicie sessão na sua conta Gmail. Clique na miniatura do seu avatar no lado direito da barra de menu superior e, em seguida, clique em "Conta" para atualizar as suas definições.

Figura 14: Definição da conta

Passo 2: Irá para a página Definições da conta. Desloque-se para baixo até encontrar uma barra azul que diz "iniciar sessão".

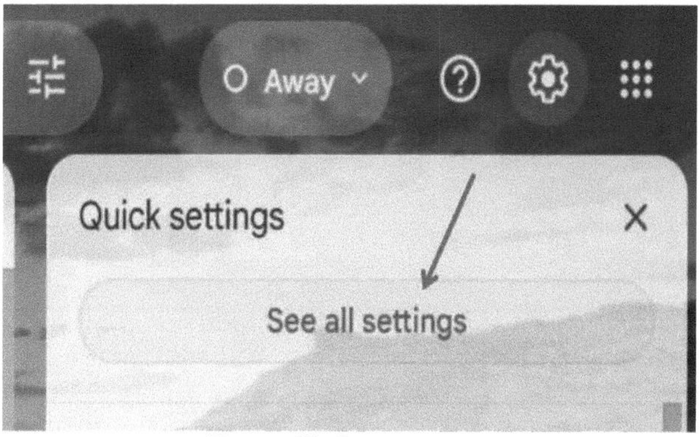

Figura 15: Iniciar sessão

Passo 3: Na secção Verificação em duas etapas, verá se já tem a verificação em duas etapas activada. Se estiver "DESLIGADA", clique em "Editar" para configurar a funcionalidade.

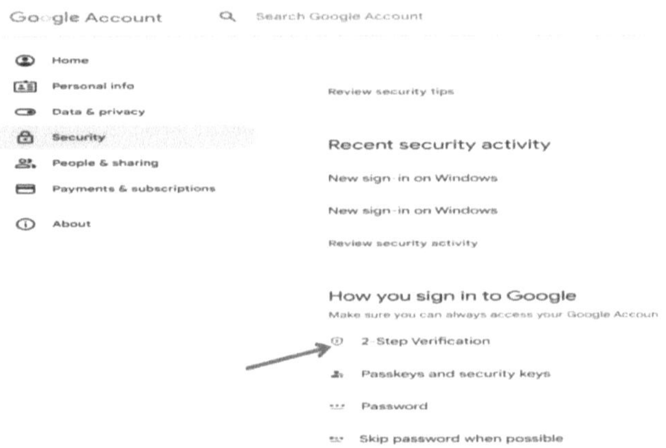

Figura 16: Ativação da verificação dos dois passos

Passo 4: Irá ver uma página que descreve brevemente os passos para configurar a verificação em duas etapas. Passe o mouse sobre as etapas para obter mais detalhes. Quando estiver pronto, clique em "Iniciar configuração".

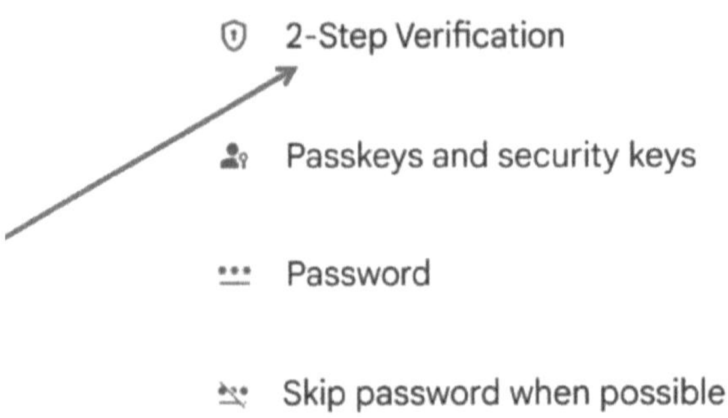

Figura 17: Configuração inicial

Passo 5: Introduza o seu número de telemóvel. Este será o telefone associado à sua conta Google. Sempre que iniciar sessão na sua conta

Google a partir de um dispositivo desconhecido, a Google enviará um código de verificação para o seu telemóvel e terá de o introduzir antes de poder iniciar sessão.

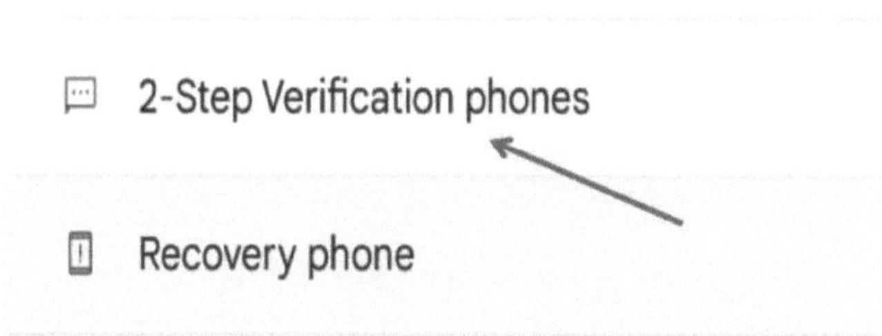

Figura 18: Introduzir o número de telemóvel para verificação

Passo 6: Selecione se pretende receber uma mensagem de texto ou uma chamada do Google Voice com o seu código de verificação. Prima Enviar. Em seguida, aguarde que o código chegue ao seu telemóvel e introduza-o.

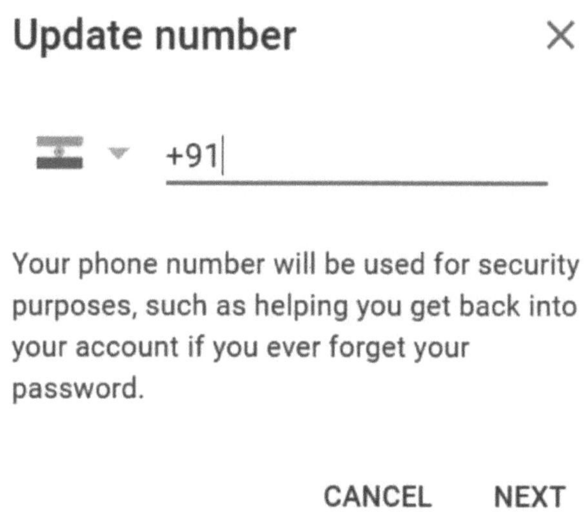

Figura 19: Introdução do código de verificação

Passo 7: Decida se confia neste dispositivo. Se estiver a ativar a verificação em dois passos a partir de um computador pessoal ou de um dispositivo de confiança, marque a caixa "confiar neste dispositivo". Só lhe será pedido que introduza um código de verificação quando iniciar sessão nesta conta uma vez em cada 30 dias.

Figura 20: Definição da configuração de confiança do computador

Passo 8: Prima OK, e acabou de configurar a verificação em duas etapas para a sua conta Google! Ignore quaisquer passos adicionais que pareçam desconhecidos ou confusos por agora - abordá-los-emos todos nas secções seguintes deste artigo.

Figura 21: Confirmação

Passo 9: Imprima uma lista de códigos de verificação de segurança e guarde-a num local seguro mas acessível, como a sua carteira. Se alguma vez precisar de iniciar sessão na sua conta Google mas não tiver o seu telefone principal consigo, pode introduzir um destes códigos.

- Aceda à página de definições da verificação em duas etapas.
- Em "Como receber códigos", clique na ligação "Mostrar códigos de segurança". Imprimir esta página.

Método 1 de 2: Palavras-passe específicas da aplicação

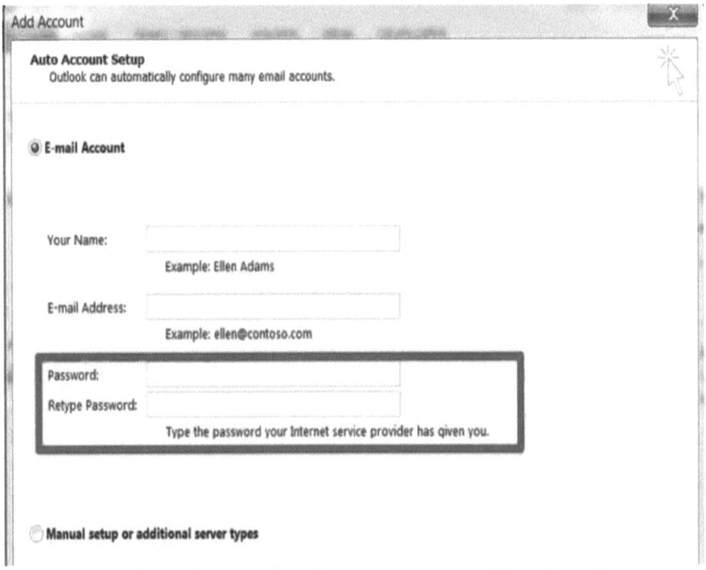

Figura 23: Definição da palavra-passe específica da aplicação

Passo 1: Compreender a necessidade de palavras-passe específicas de aplicações. Com a verificação em dois passos, a Google dá-lhe cobertura sempre que inicia sessão na sua conta a partir de um navegador da Web. No entanto, se utilizar a sua conta Google com outras aplicações, como o Microsoft Outlook ou a aplicação de correio de um dispositivo móvel, esses sistemas não lhe podem pedir um código de verificação. Por conseguinte, terá de iniciar sessão nesses sistemas *uma vez* com uma palavra-passe específica da aplicação. Só terá de voltar a introduzir uma palavra-passe específica da aplicação se optar por redefini-la e gerar uma nova para esse dispositivo.

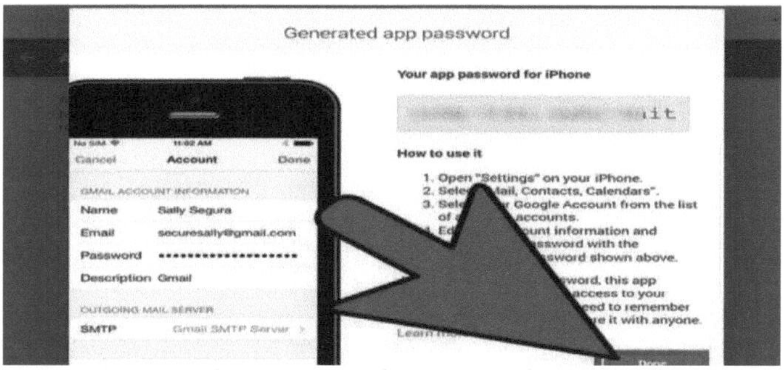

Figura 24: Gerar a palavra-passe da aplicação

Passo 2: Gere palavras-passe específicas da aplicação para os seus dispositivos. Aceda à sua página de definições de verificação em duas etapas ou clique em "Editar" junto à verificação em duas etapas na página Definições da conta de segurança (passos 1-3 acima). Desloque-se para baixo e clique em "Gerir palavras-passe específicas de aplicações".

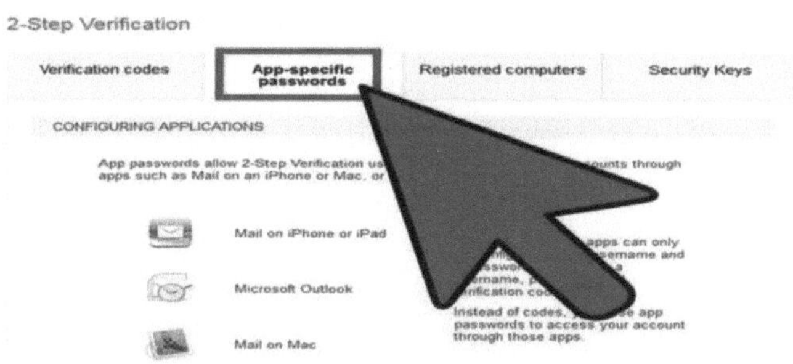

Figura 25: Gerir as palavras-passe específicas da aplicação

Passo 3: Na parte superior da página, verá uma lista de sites, aplicações e dispositivos aos quais concedeu algum nível de acesso à sua conta. Se permitiu que um Web site de terceiros (por exemplo, LinkedIn, Twitter, Foursquare) vasculhasse os seus Contactos do Gmail para encontrar amigos, por exemplo, verá essa lista. Se utilizar outras aplicações Google, também as verá listadas. Não hesite em revogar o acesso a qualquer site ou programa que já não pretenda utilizar.

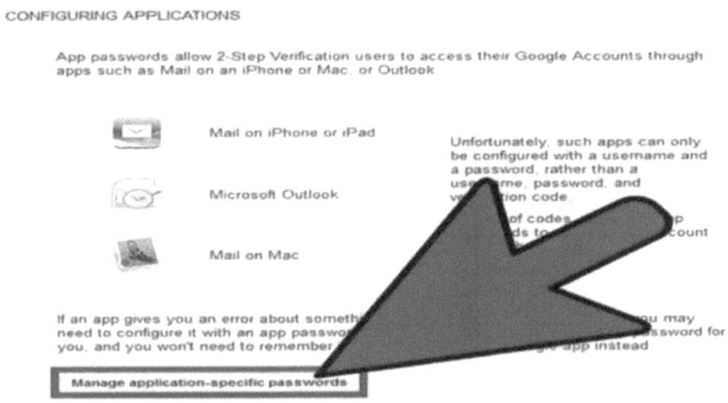

Figura 26: Configuração das aplicações

Passo 4: Desloque-se para baixo até ao campo na parte inferior para introduzir o nome de um dispositivo. Introduza algo que o ajude a lembrar-se para que serve esta palavra-passe específica da aplicação - por exemplo, Mail App no iPhone, Google App no iPhone, Chrome Sync, Outlook, Thunderbird, ou o que quer que descreva a sua aplicação. Clique em "Gerar palavra-passe". Deverá gerar uma nova palavra-passe específica para *cada* aplicação.

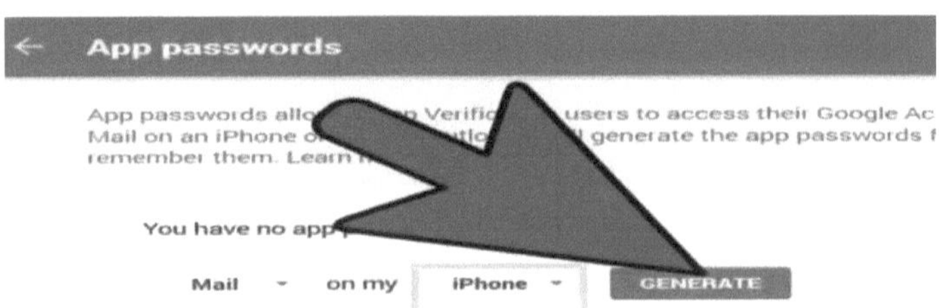

Figura 27: Gerando apppassword

Passo 5: Abra a aplicação. Vá para a página de definições, onde introduz as informações da sua conta Google. Introduza o nome da sua conta Google como habitualmente. Agora, em vez da palavra-passe da sua conta, introduza a palavra-passe específica da aplicação no campo da palavra-passe. Concedeu agora a esta aplicação acesso total à sua conta Google. Só precisa de introduzir esta palavra-passe uma vez. Não é necessário anotá-la ou memorizá-la, e ela não será exibida novamente pelo Google.

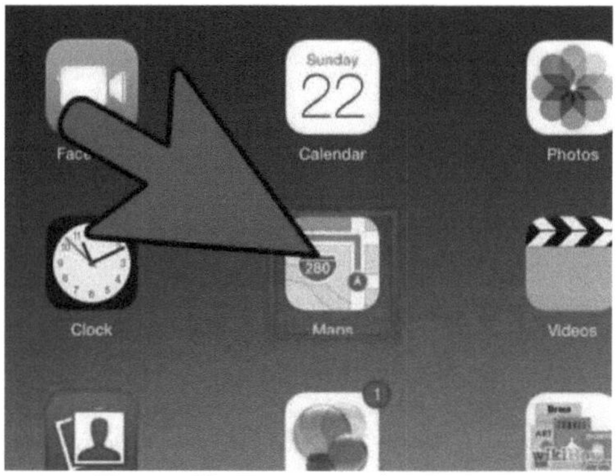

Figura 28: Testar a palavra-passe

Passo 6: Clique em "Done" (Concluído) no seu navegador Web depois de ter introduzido com êxito a palavra-passe específica da aplicação.

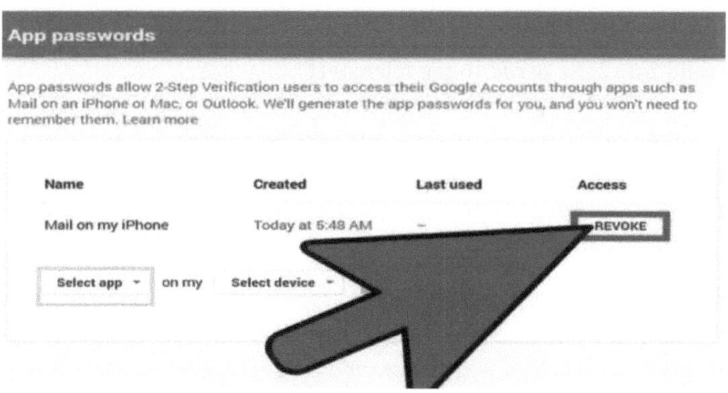

Figura 29: Revogar a palavra-passe

Passo 7: Saiba como revogar o acesso de uma aplicação à sua conta Gmail. Se já não quiser utilizar uma aplicação ou se tiver perdido o seu telemóvel e quiser impedir que qualquer pessoa que o tenha aceda ao seu Gmail, basta clicar no botão "Revogar" na página de definições da palavra-passe específica da aplicação.

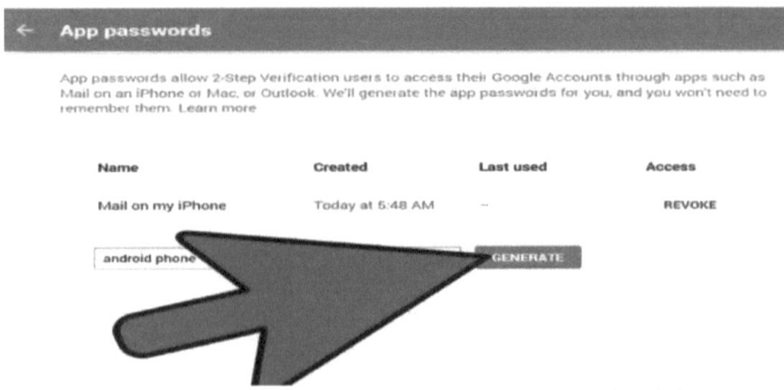

Figura 30: Geração da palavra-passe para o andriodphone

Passo 8: Crie novas palavras-passe específicas para *cada* aplicação a que ligar a sua Conta Google! Isto significa que se sincronizar a sua Conta Google com duas aplicações de correio eletrónico e um cliente de conversação, deverá ter *três* palavras-passe específicas de aplicações.

Método 2 de 2: Se perder o seu telemóvel

Se perder o seu telefone e tiver a verificação em dois passos activada, *pode* continuar a aceder à sua conta Gmail. Também pode e deve seguir estes passos para impedir que estranhos tenham acesso às suas contas Google.

Passo 1: Revogue as suas palavras-passe específicas de aplicações actuais. Se tiver um smartphone com aplicações associadas à sua conta Google, estas serão automaticamente desactivadas. Quando adquirir um novo telemóvel, pode gerar novas palavras-passe específicas de aplicações (consulte a secção anterior) e introduzi-las nos seus novos dispositivos.

Passo 2: Altere a sua palavra-passe do Gmail. Mesmo que outra pessoa tenha o seu código de verificação, não conseguirá aceder à sua conta Gmail sem a sua nova palavra-passe. Embora seja improvável que a pessoa que tem o seu telemóvel também tenha decifrado a sua palavra-passe do Gmail, nunca é demais ter a certeza. Se tiver sessão iniciada no Google a partir de qualquer navegador da Web no seu dispositivo móvel, também será automaticamente desconectado.

Passo 3: Adicione um número de telefone de reserva se tiver um segundo dispositivo móvel. Aceda à página de definições da verificação em duas etapas e clique em "Adicionar um número de telefone" na secção "Telefones de reserva".

Passo 4: Se não tiver um telemóvel de reserva, utilize a sua lista de códigos de reserva imprimíveis para aceder à sua conta. Na página de definições da verificação em duas etapas, clique em "Mostrar códigos de segurança". Se ainda não o tiver feito, imprima esta página e guarde-a num local seguro mas acessível, como a sua carteira.

Passo 5: Se receber um telemóvel e alterar o seu número de telefone, certifique-se de que revoga o acesso ao número anterior na página de definições da verificação em duas etapas.

6.4 PROTEGER O COMPUTADOR UTILIZANDO UM ANTIVÍRUS GRATUITO[14]

À medida que os computadores se tornam cada vez mais integrados nas nossas vidas, acabamos por deixar muitos dados sensíveis no nosso computador - desde palavras-passe, ID de correio eletrónico oficial, contas bancárias a notas pessoais, planos de negócios e outras informações confidenciais. Por isso, um bom software de segurança é uma obrigação para todos. Aqui está uma lista de 11 programas antivírus gratuitos e as suas caraterísticas comuns que pode selecionar (utilizadores domésticos) para a sua segurança online. Todos estão listados por ordem alfabética

1. **Avast Antivirus-** O Avast é um dos melhores softwares antivírus gratuitos disponíveis que fornece uma proteção completa contra ameaças à segurança. Este pacote antivírus completo tem as seguintes caraterísticas: Anti-spyware incorporado, Anti-Rootkit, Escudo Web, Auto-proteção forte,

Escudo P2P e IM, Núcleo Anti-Vírus, Proteção residente, Escudo de rede, Atualização automática, Integração do sistema, Suporte Windows 64 bit, Limpador de vírus integrado. Pode ser descarregado a partir de *blips: www.avasi.com/index*

2. **AVG Antivirus** - A edição gratuita do antivírus AVG fornece proteção antivírus e anti-spyware básica para o Windows. As seguintes funcionalidades estão incluídas na edição gratuita: Anti-vírus, anti-spyware e funcionalidade de navegação segura. Pode ser descarregado a partir de *http://free.avg.com/*

3. Avira **AntiVir Personal** - O Avira é um programa antivírus abrangente e fácil de utilizar, concebido para uma proteção antivírus gratuita e fiável para os utilizadores domésticos. As caraterísticas incluídas são: Proteção contra vírus, worms e cavalos de Troia, Anti-rootkit, Anti-fishing, Anti dialers. Pode ser descarregado a partir de *http://www.free-av.com/*

4. **O BitDefender** - Free Edition utiliza os mesmos mecanismos de verificação certificados pelo ICSA Labs encontrados na versão Pro do BitDefender, permitindo-lhe desfrutar da proteção básica contra vírus sem qualquer custo. As caraterísticas incluem: Verificador e removedor de vírus a pedido e verificação programada. Pode ser descarregado a partir de *http://www.bitdefender.com/PRODUCT-14-en--BitDefender-Free-Edition.html*

5. **Blink Personal** - Uma suite de segurança tudo-em-um com antivírus limitado por um ano. O pacote de segurança pessoal Blink inclui: antivírus e anti-spyware, kit anti-raiz, proteção integrada de firewall e proteção de identidade. Pode ser descarregado a partir de *http://free-antivirus.eeye.com/*

6. **Calmwin antivirus - Um** programa antivírus gratuito e de código aberto para Windows 98/Me/2000/XP/2003 e Vista. As caraterísticas incluem - elevadas taxas de deteção de vírus e spyware; descarregamentos automáticos da base de dados de vírus regularmente actualizada, scanner de vírus autónomo. Não inclui um scanner em tempo real no acesso. Pode ser descarregado a partir de *http://www.clamwin.com/*

7. **Comodo Antivirus** - tem todas as funcionalidades de um antivírus pago sem o preço - As caraterísticas incluem- Detecta e remove vírus de computadores e redes. O On Access Scanning efectua uma verificação de vírus em tempo real e programada. A Deteção de Intrusão no Anfitrião permite-lhe intercetar vírus, spyware e outro malware antes de infectarem o seu computador. Receba actualizações das definições de vírus mais recentes todos os dias para se manter protegido contra as ameaças mais recentes. Pode ser descarregado a partir de *http://antivirus.comodo.com/*

8. **Moon Secure Antivirus** - Pretende ser o melhor antivírus gratuito para Windows sob licença GPL. Oferece vários mecanismos de verificação, escudo de rede, firewall, acesso, verificação em execução e prevenção de rootkits, além de recursos de aplicativos antivírus comerciais. Pode ser descarregado a partir de *http://sourceforge.net/projects/moonav/*

9. **PCTools Antivirus-** com o PC Tools AntiVirus Free Edition está protegido contra as mais nefastas ameaças cibernéticas que tentam aceder ao seu PC e às suas informações pessoais. Protege-o contra vírus, worms e cavalos de Troia e possui actualizações inteligentes, proteção IntelliGuard, proteção de ficheiros e proteção de correio eletrónico. Pode ser descarregado a partir de *http://www.pctools.com/free-antivirus/*

10. **Rising Antivirus** - O Rising Antivirus Free Edition é uma solução sem custos para os utilizadores pessoais durante a vida útil do produto, enquanto continua a fornecer o mesmo nível de deteção e capacidade de proteção que o RISING Antivirus . Protege seus computadores contra todos os tipos de vírus, cavalos de Troia, worms, rootkits e outros programas maliciosos. A facilidade de utilização e a tecnologia Smartupdate tornam-no num produto "instalar e esquecer", permitindo-lhe concentrar-se nas suas tarefas com o seu computador. Pode ser transferido a partir de *http: www.freerav.com*

11. **Threatfire Lite** - Oferece uma proteção abrangente contra vírus, worms, cavalos de Troia, spyware, rootkits, keyloggers e buffer overflows. E tem deteção de malware baseada no comportamento em tempo real, quarentena e remoção de malware, etc. Pode ser descarregado a partir de *http://www.threatfire.com/download/*

ACTIVIDADE

1. Compare as caraterísticas de alguns dos antivírus gratuitos mais populares.
2. Qual é a diferença entre o antivírus gratuito e o antivírus pago? É seguro utilizar um antivírus gratuito no seu computador?
3. Utilize as orientações para gerar palavras-passe seguras e avalie se as suas palavras-passe actuais podem ser consideradas seguras ou inseguras.
4. Com base nas diretrizes acima, altere as suas palavras-passe não seguras para palavras-passe seguras.
5. Descubra alguns gestores de palavras-passe populares e avalie-os com base nas suas caraterísticas".
6. Com base na comparação acima, escolha um dos melhores gestores de palavras-passe para si.
7. Crie uma verificação em duas etapas para a sua conta do Gmail.
8. Descubra quantos sites, para além do Gmail, fornecem verificação em duas etapas.

Configurar a Firewall no seu computador

7.1 CONFIGURAR A FIREWALL NUM COMPUTADOR MAC[15]

Todos os Macs vêm com uma firewall incorporada - um serviço que pode ser configurado para impedir a entrada de informações no Mac. Mas o que é uma firewall e porque é que é necessário utilizá-la no Mac?

Sempre que solicita informações da Internet, como uma página Web ou uma mensagem de correio eletrónico, o Mac envia pacotes de dados para solicitar as informações. Os servidores recebem os pacotes e, em seguida, enviam outros pacotes de volta para o Mac. Tudo isto acontece numa questão de segundos. Depois de o Mac ter reagrupado os pacotes, é possível ver algo, como uma mensagem de correio eletrónico ou uma página Web.

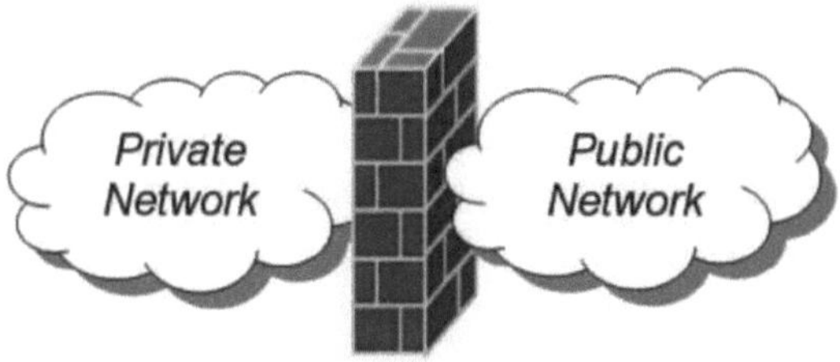

Figura 31: Firewall

Uma firewall pode ajudar a impedir a entrada de pacotes maliciosos no seu Mac. Os piratas informáticos adoram executar aplicações automatizadas que podem analisar milhares de computadores (incluindo o seu Mac) à procura de portas abertas que possam ser exploradas. Para garantir que indivíduos aleatórios não obtêm acesso não autorizado ao seu Mac, deverá ativar a firewall incorporada no Mac OS X. Esta fechará as portas abertas do Mac e não permitirá análises de rede aleatórias.

7.1.1 Ativar e configurar a Firewall do Mac OS X

Eis como ativar e configurar a firewall incorporada no Mac:

1. No menu Apple, selecione **Preferências do Sistema**. É apresentada a janela abaixo.

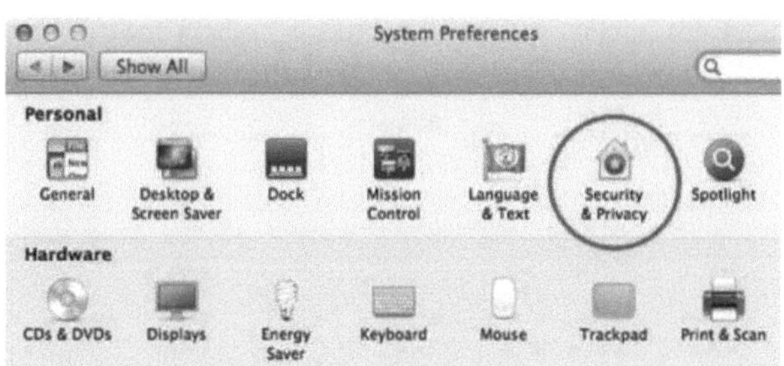

Figura 32: Painel de controlo das preferências do sistema

2. Selecione **Segurança e privacidade**.

3. Clique no separador **Firewall**.

4. Clique no ícone de cadeado e autentique-se com o seu nome de utilizador e palavra-passe de administrador. Aparece a janela apresentada abaixo.

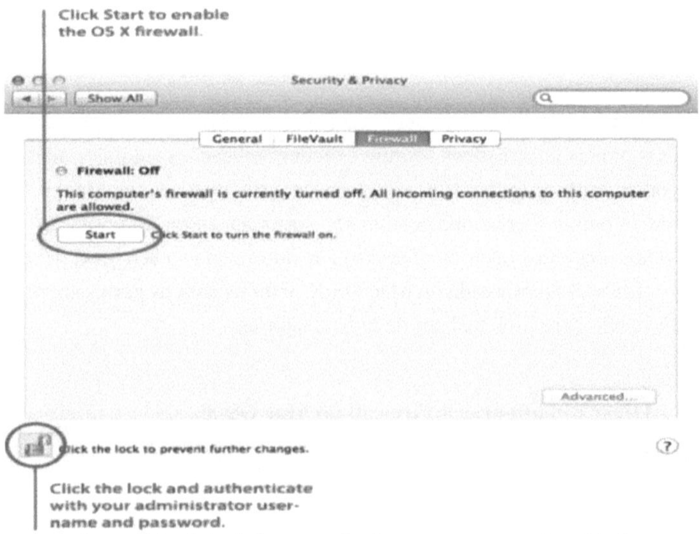

Figura 33: Painel de controlo da segurança e privacidade

5. Clique em **Iniciar**. A firewall é activada - saberá que está activada quando vir a luz verde e a mensagem **Firewall: Ligado**, como mostrado abaixo.

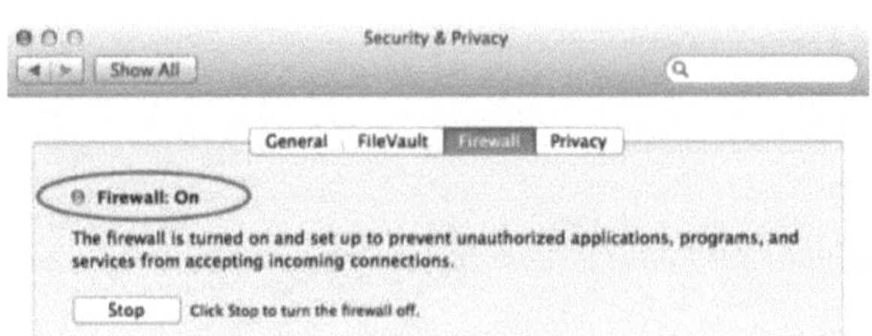

Figura 34: Ativar a firewall

6. Clique em **Avançado**. Aparece a janela apresentada abaixo.

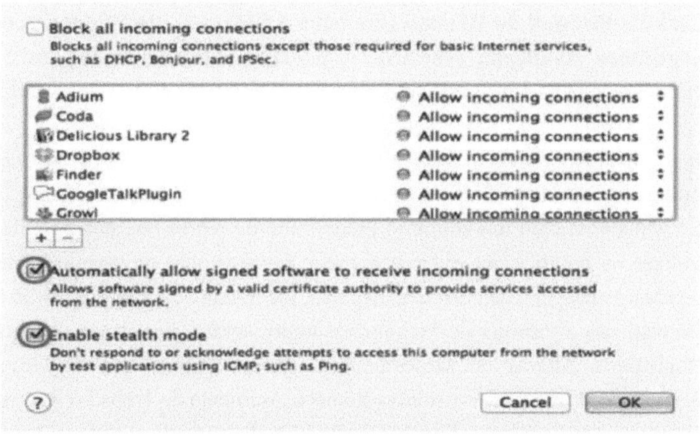

Figura 35: Configuração da firewall

5. Selecione a caixa de verificação **Permitir automaticamente que o software assinado receba ligações de entrada**. Isto permite que as aplicações no seu Mac comuniquem com o mundo exterior.
6. Selecione a caixa de verificação **Ativar o modo furtivo**. Isto impede que o Mac responda a análises de portas e pedidos de ping.
7. Clique em **OK** para fechar as definições *avançadas*.

8. Feche as Preferências do sistema. O Mac está agora protegido pela firewall incorporada!

7.2 TRABALHAR COM A FIREWALL DO WINDOWS NO WINDOWS7

7.2.1 Firewall no Windows 7

O Windows 7 é fornecido com duas firewalls que funcionam em conjunto. Uma é a **Firewall do Windows** e a outra é a **Firewall do Windows com Segurança Avançada (WFAS)**. A principal diferença entre eles é a complexidade da configuração das regras. A Firewall do Windows utiliza regras simples que se relacionam diretamente com um programa ou serviço. As regras no WFAS podem ser configuradas com base em protocolos, portas, endereços e autenticação. Por padrão, ambos os firewalls vêm com um conjunto predefinido de regras que nos permitem utilizar os recursos da rede. Isto inclui coisas como navegar na Web, receber mensagens de correio eletrónico, etc. Outras excepções padrão da firewall são a Partilha de Ficheiros e Impressoras, Descoberta de Rede, Registos e Alertas de Desempenho, Administração Remota, Gestão Remota do Windows, Assistência Remota, Ambiente de Trabalho Remoto, Windows Media Player, Serviço de Partilha de Rede do Windows Media Player.

Com a firewall no Windows 7, podemos configurar regras de entrada e saída. Por predefinição, todo o tráfego de saída é permitido e as respostas de entrada a esse tráfego também são permitidas. O tráfego de entrada iniciado a partir de fontes externas é automaticamente bloqueado.

Por vezes, vemos uma notificação sobre um programa bloqueado que está a tentar aceder aos recursos da rede. Nesse caso, poderemos adicionar uma exceção à nossa firewall de modo a permitir o tráfego do programa no futuro.

O Windows 7 vem com algumas novas funcionalidades no que diz respeito à firewall. Por exemplo, a funcionalidade "full- stealth" impede que outros computadores efectuem a impressão digital do sistema operativo. A impressão digital do sistema operativo é uma técnica maliciosa utilizada para determinar o sistema operativo em execução na máquina anfitriã. Outra caraterística é a "filtragem do tempo de arranque". Esta funcionalidade garante que a firewall está a funcionar ao mesmo tempo que a interface de rede fica ativa, o que não acontecia nas versões anteriores do Windows.

Quando nos ligamos pela primeira vez a uma rede, é-nos pedido que seleccionemos um local de rede. Esta funcionalidade é conhecida como Network Location Awareness (NLA). Esta funcionalidade permite-nos atribuir um perfil de rede à ligação com base na localização. Diferentes perfis de rede contêm diferentes colecções de regras de firewall. No Windows 7, diferentes perfis de rede podem ser configurados em diferentes interfaces. Por exemplo, a nossa interface com fios pode ter um perfil diferente da nossa interface sem fios. Existem três perfis de rede diferentes disponíveis:

- Público
- Casa/Trabalho - rede privada
- Domínio - utilizado dentro de um domínio

Escolhemos essas localizações quando nos ligamos a uma rede. Podemos sempre alterar a localização no Centro de Rede e Partilha, no Painel de Controlo. O perfil de Domínio pode ser atribuído automaticamente pelo serviço NLA quando nos ligamos a um domínio do Active Diretory. Note que temos de ter direitos administrativos para configurar a firewall no Windows 7.

7.2.2 Configuração da Firewall do Windows

Para abrir a Firewall do Windows, pode aceder a **Iniciar > Painel de controlo > Firewall do Windows**.

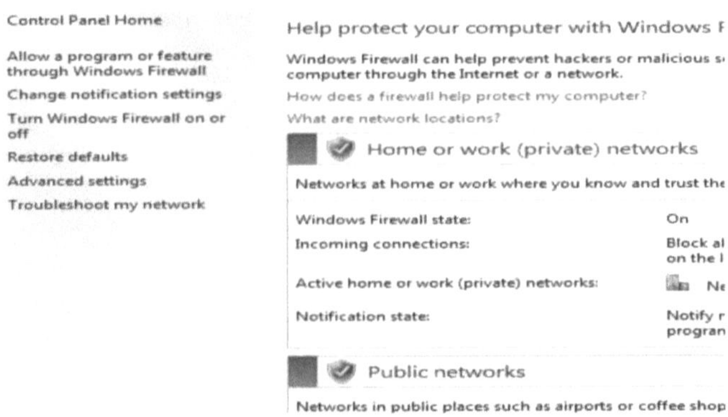

Figura 36: Painel de controlo do Controlpandel numa máquina Windows

Por predefinição, a Firewall do Windows está activada para redes privadas (casa ou trabalho) e públicas. Também está configurado para bloquear todas as ligações a programas que não estejam na lista de programas permitidos. Para configurar excepções podemos ir ao menu à esquerda e selecionar a opção "Permitir um programa ou funcionalidade através da Firewall do Windows".

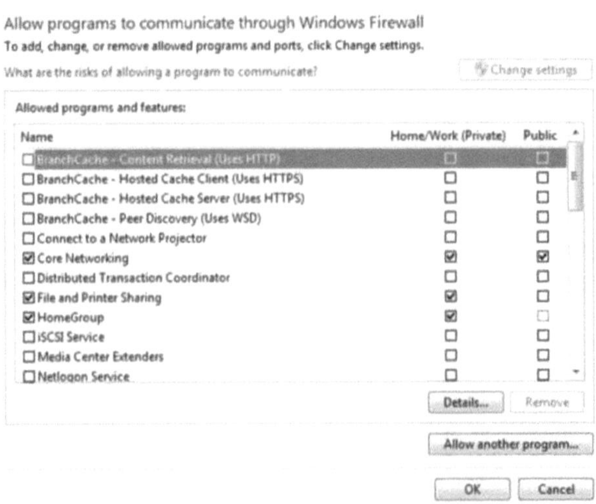

Figura 37: Configuração da firewall

Excepções

Para alterar as definições nesta janela, temos de clicar no botão "Alterar definições". Como pode ver, aqui temos uma lista de programas e funcionalidades predefinidos que podem ser autorizados a comunicar em redes privadas ou públicas. Por exemplo, repare que a funcionalidade Core Networking é permitida tanto em redes privadas como públicas, enquanto que a Partilha de Ficheiros e Impressoras só é permitida em redes privadas. Também podemos ver os detalhes dos itens da lista selecionando-os e clicando no botão Detalhes.

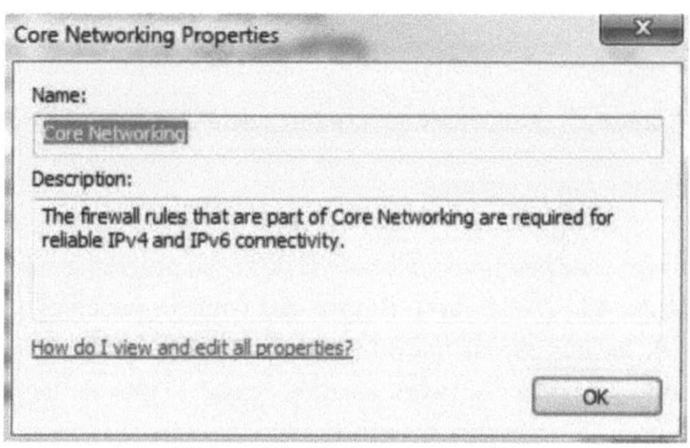

Figura 38: Definir excepções

Detalhes

Se tivermos um programa no nosso computador que não esteja nesta lista, podemos adicioná-lo manualmente clicando no botão "Permitir outro programa".

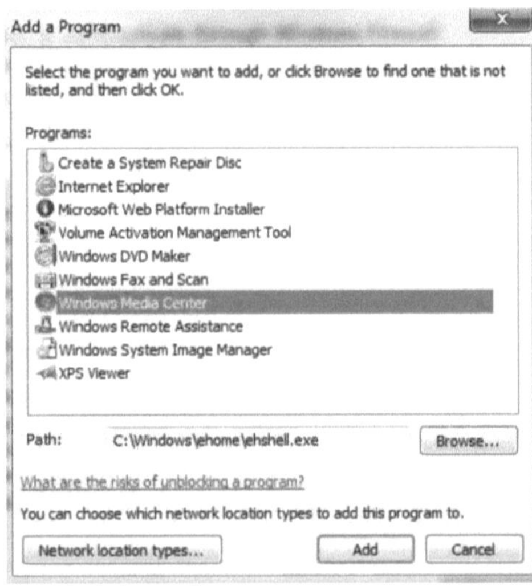

Figura 39: Seleção de programas não presentes na lista

Adicionar um programa

Aqui temos de procurar o executável do nosso programa e depois clicar no botão Add (Adicionar). Repare que também podemos escolher os tipos de localização em que este programa será autorizado a comunicar, clicando no botão "Network location types" (Tipos de localização de rede).

Figura 40: Adicionar um programa

Locais de rede

Muitas aplicações configuram automaticamente as excepções adequadas na Firewall do Windows quando as executamos. Por exemplo, se activarmos o streaming no Media Player, este configurará automaticamente as definições da firewall para permitir o streaming. O mesmo acontece se activarmos a funcionalidade Ambiente de Trabalho Remoto a partir da janela de propriedades do sistema. Ao ativar a funcionalidade Ambiente de Trabalho Remoto, criamos efetivamente uma exceção na Firewall do Windows.

A Firewall do Windows pode ser completamente desactivada. Para o fazer, podemos selecionar a opção "Ativar ou desativar a Firewall do Windows" no menu à esquerda.

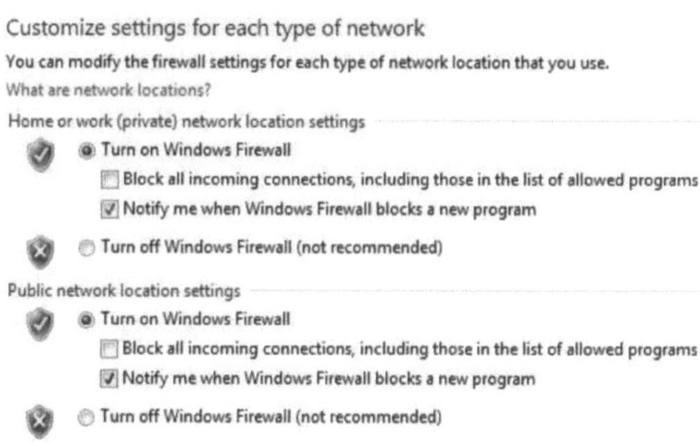

Figura 41: Personalizar definições

Personalização da firewall

Note que podemos modificar as definições para cada tipo de localização de rede (privada ou pública). O que é interessante aqui é que podemos bloquear todas as ligações de entrada, incluindo as que estão na lista de programas permitidos.

A Firewall do Windows é, de facto, um serviço do Windows. Como sabe, os serviços podem ser parados e iniciados. Se o serviço da Firewall do Windows for parado, a Firewall do Windows não funcionará.

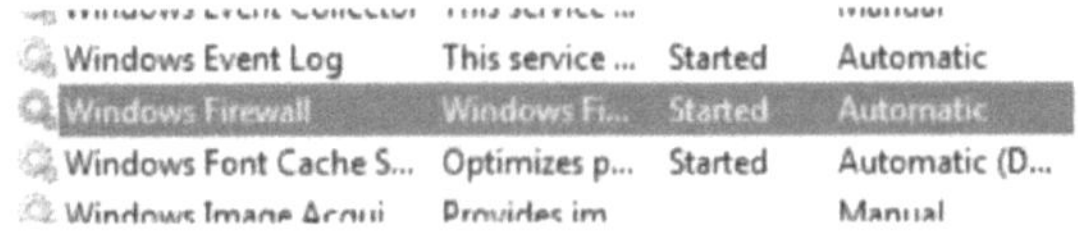

Figura 42: Ativação da firewall a partir dos serviços do Windows

Serviço de firewall

No nosso caso, o serviço está a funcionar. Se o pararmos, receberemos um aviso de que devemos ativar a Firewall do Windows.

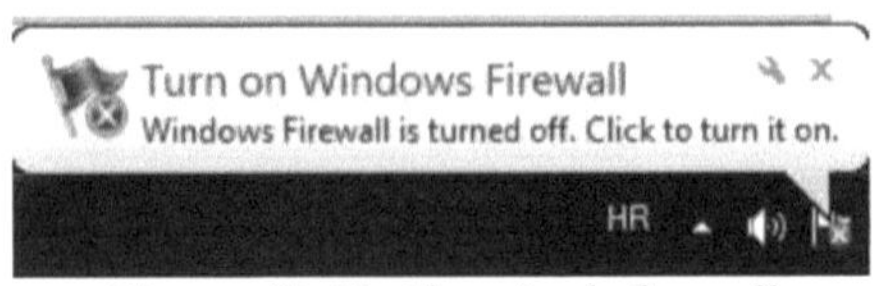

Figura 43: Notificação de firewall

Aviso

Lembre-se de que, com a Firewall do Windows, apenas podemos configurar as definições básicas da firewall, o que é suficiente para a maioria dos utilizadores do dia a dia. No entanto, já não é possível configurar excepções com base em portas na Firewall do Windows. Para isso, temos de utilizar a Firewall do Windows com Segurança Avançada, que será abordada na próxima secção.

7.2.2 Como iniciar e utilizar a Firewall do Windows com Segurança Avançada[17]

A *Firewall do Windows com Segurança Avançada* é uma ferramenta que lhe dá um controlo detalhado sobre as regras aplicadas pela *Firewall do Windows.* Pode ver todas as regras que são utilizadas pela *Firewall do Windows,* alterar as suas propriedades, criar novas regras ou desativar as existentes. Neste tutorial, vamos partilhar como abrir a *Firewall do Windows com Segurança Avançada,* como encontrar o seu caminho e falar sobre os tipos de regras que estão disponíveis e que tipo de tráfego filtram.

7.2.3.1 Como aceder à Firewall do Windows com Segurança Avançada

Existem várias alternativas para abrir a *Firewall do Windows com Segurança Avançada*:

Uma delas é abrir a janela normal da Firewall do Windows, acedendo a *"Painel de controlo -> Sistema e segurança -> Firewall do Windows"*. Em seguida, clique ou toque em *Definições avançadas*.

No Windows 7, outro método consiste em procurar a palavra *firewall* na caixa de pesquisa *do menu Iniciar* e clicar no resultado *"Firewall do Windows com segurança avançada"*.

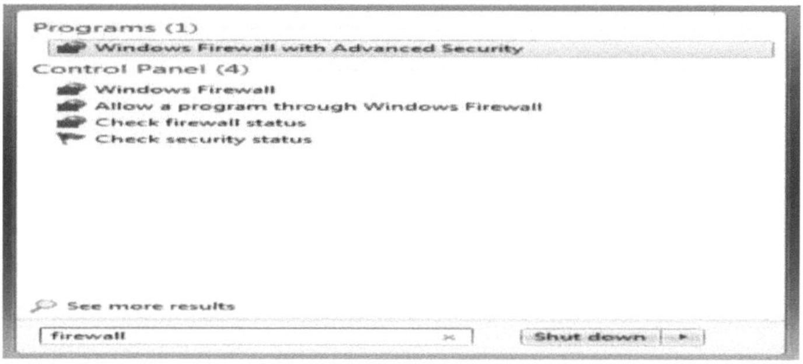

No Windows 8.1, *a Firewall do Windows com Segurança Avançada* não é apresentada nos resultados da pesquisa e é necessário utilizar o primeiro método partilhado acima para a abrir.

A *Firewall do Windows com Segurança Avançada* tem o mesmo aspeto e funciona da mesma forma no Windows 7 e no Windows 8.1. Para continuar o nosso tutorial, vamos utilizar capturas de ecrã que foram feitas no Windows 8.1.

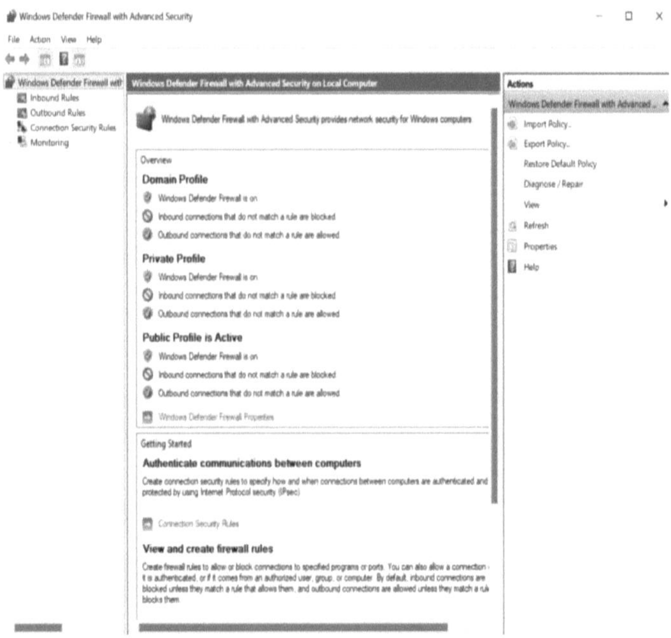

7.2.3.2 Quais são as regras de entrada e saída?

Para proporcionar a segurança de que necessita, a *Firewall do Windows* tem um conjunto padrão de regras de entrada e de saída, que são activadas consoante a localização da rede a que está ligado. As regras de entrada são aplicadas ao tráfego que vem da rede e da Internet para o seu computador ou dispositivo. As regras de saída aplicam-se ao tráfego do seu computador para a rede ou para a Internet. Estas regras podem ser configuradas de forma a serem específicas para: computadores, utilizadores, programas, serviços, portas ou protocolos. Também pode especificar a que tipo de adaptador de rede (por exemplo, sem fios, cabo, rede privada virtual) ou perfil de utilizador se aplicam.

Na *Firewall do Windows com Segurança Avançada,* pode aceder a todas as regras e editar as suas propriedades. Tudo o que tem de fazer é clicar ou tocar na secção apropriada no painel do lado esquerdo.

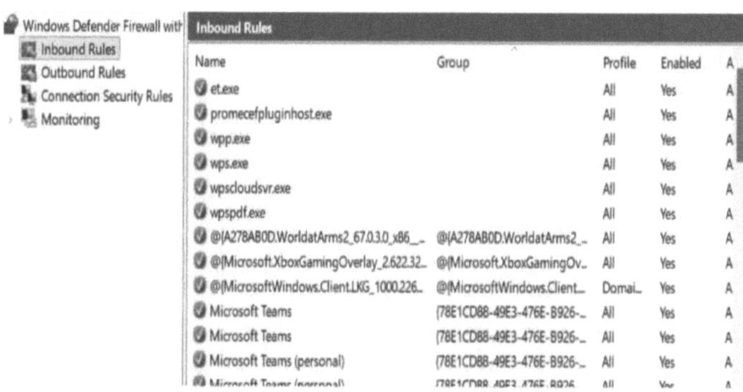

As regras utilizadas pela *Firewall do Windows* podem ser activadas ou desactivadas. As que estão activadas ou activas estão marcadas com uma caixa de verificação verde na coluna *Nome.* As que estão desactivadas estão marcadas com uma caixa de verificação cinzenta.

Se pretender saber mais sobre uma regra específica e conhecer as suas propriedades, clique com o botão direito do rato na mesma e selecione *Propriedades* ou selecione-a e prima *Propriedades* na coluna da direita, que lista as acções disponíveis para a sua seleção.

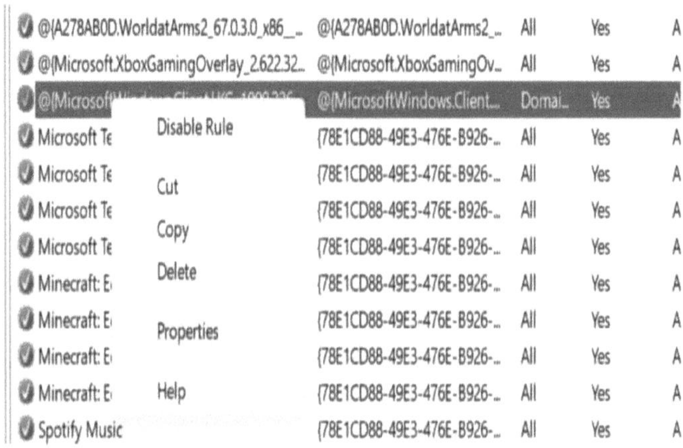

Na janela *Propriedades*, encontrará informações completas sobre a regra selecionada, o que faz e quando é aplicada. Também pode editar as suas propriedades e alterar qualquer um dos parâmetros disponíveis.

7.2.3.3 Quais são as regras de segurança da ligação?

As regras de segurança das ligações são utilizadas para proteger o tráfego entre dois computadores enquanto este atravessa a rede. Um exemplo seria uma regra que define que as ligações entre dois computadores específicos devem ser encriptadas.
Ao contrário das regras de entrada ou de saída, que são aplicadas apenas a um computador, as regras de segurança de ligação exigem que ambos os computadores tenham as mesmas regras definidas e activadas.

Se quiser ver se existem regras deste tipo no seu computador, clique ou toque em *"Regras de segurança da ligação"* no painel da esquerda. Por predefinição, não existem tais regras definidas nos computadores e dispositivos Windows. São geralmente utilizadas em ambientes empresariais e essas regras são definidas pelo administrador da rede.

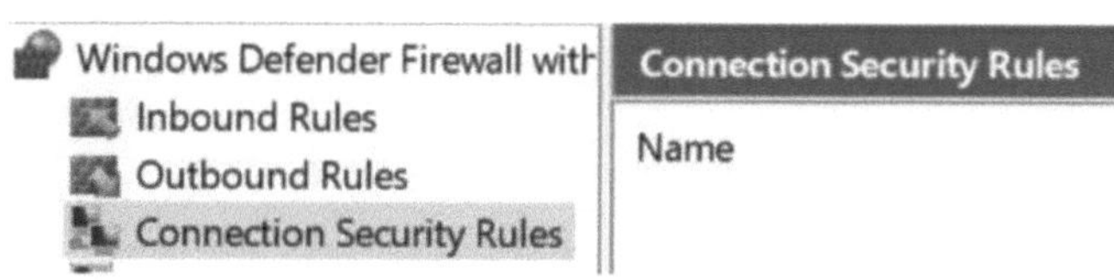

7.2.3.4 O que é que a Firewall do Windows com Monitorização de Segurança Avançada monitoriza?

A *Firewall do Windows com Segurança Avançada* inclui também algumas funcionalidades de monitorização. Na secção *Monitorização*, pode encontrar as seguintes informações: as regras da firewall que estão activas (tanto de entrada como de saída), as regras de segurança da ligação que estão activas e se existem associações de segurança activas.

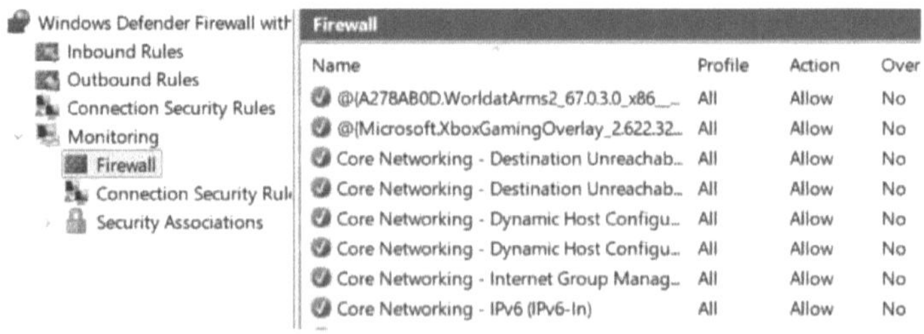

Tenha em atenção que a secção *Monitorização* mostra apenas as regras activas para o local de rede atual. Se existirem regras activadas para outras localizações de rede, não as verá nesta secção.

Na secção anterior discutiu-se como configurar uma firewall em dois sistemas operativos, Windows e Mac. O Linux tem muitas variantes, pelo que não é possível discutir como configurar a firewall no Linux. Existem alguns links na secção Vídeos recomendados que abordam o procedimento de configuração da firewall em várias variantes do Linux.

Atividade

1. Instalar e configurar uma firewall no seu sistema.
2. Encontre algumas das firewalls gratuitas e disponíveis comercialmente na Internet.

ESCOLHER O MELHOR BROWSER PARA AS SUAS NECESSIDADES

8.1 ENCONTRAR O MELHOR NAVEGADOR DE ACORDO COM OS REQUISITOS DOS UTILIZADORES

Atualmente, os browsers são a chave para a Internet, pelo menos para a maioria das tarefas. Existem muitos, muitos browsers para cada plataforma e sistema operativo, pelo que a escolha pode ser difícil. No entanto, isto deve ajudar a limitar a pesquisa.

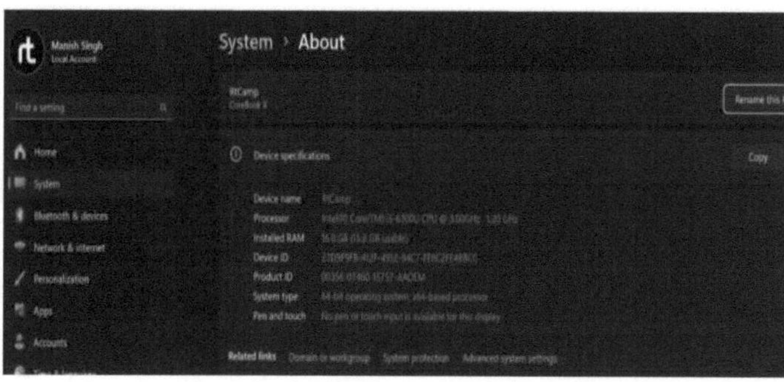

Passo 1 : Determinar a idade do seu computador. Qual é a idade do seu computador? É um dispositivo móvel? Conheça as especificações do seu sistema, uma vez que este pode ser mais adequado a alguns browsers do que a outros.

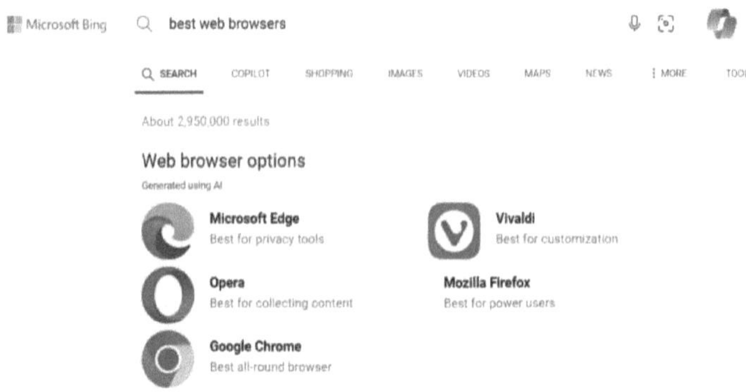

Passo 2: Pense no seu navegador ideal; o que é que ele pode fazer? Pode querer que seja bastante simples, tratando apenas das necessidades básicas. Pode querer algumas funcionalidades básicas, como a leitura de feeds da Web, a marcação de favoritos ou caixas de pesquisa. Alguns browsers têm muito mais, e é aí que começa a confusão.

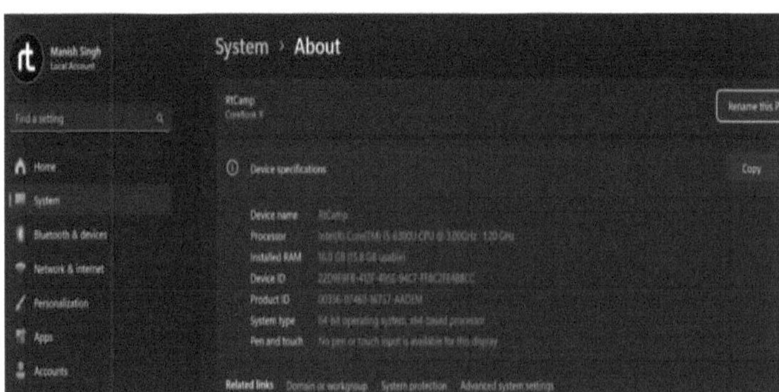

Passo 3: Certifique-se de que sabe em que plataforma está. Alguns navegadores só estão disponíveis para um determinado sistema operativo, ou não estão disponíveis para um sistema operativo.

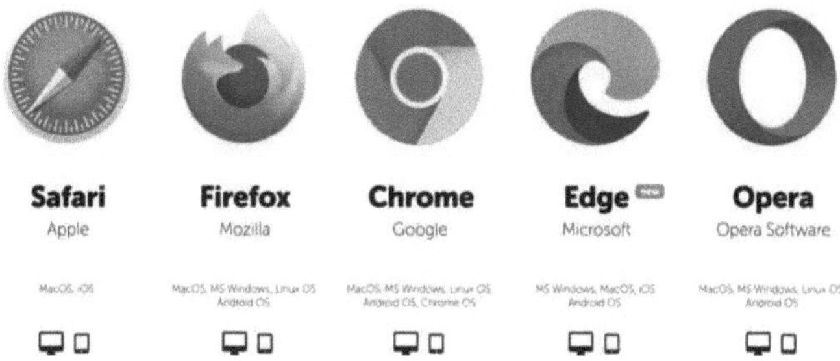

Passo 4: Pesquisar browsers. Os navegadores com separadores incluem o Safari (funciona no OS X, no iPhone e é novo no Windows), o Firefox (de uso geral com o maior número de plugins), o Opera (suporta torrents, trata do correio eletrónico e funciona em dispositivos móveis), o Konqueror (gestor de ficheiros de dupla finalidade), o Seamonkey (inclui editor HTML e cliente de correio eletrónico), o Off By One (minúsculo) e o Flock (rede social).

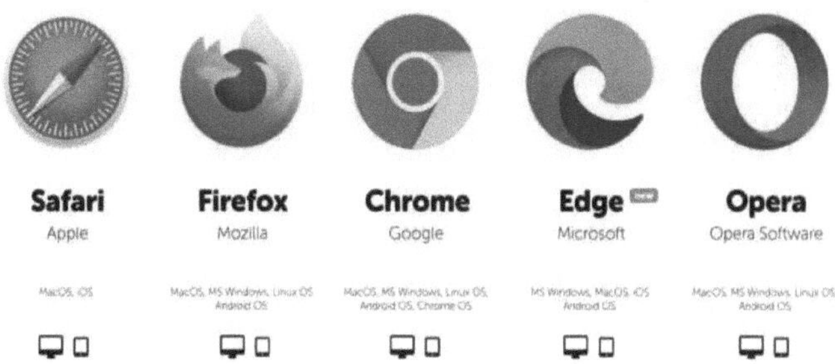

Passo 5 : Considere navegadores alternativos com menos memória, se o seu computador tiver pouca memória. Considere o Off by One, o Dillo, o SkipStone e o NetSurf.

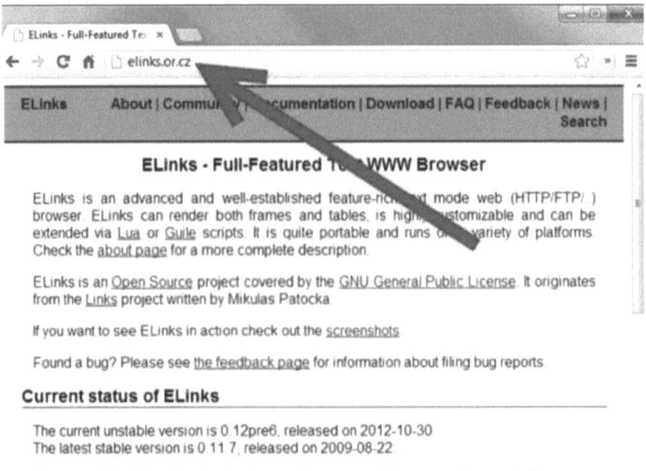

Passo 7: Considere um browser baseado em texto, se quiser uma experiência ainda mais rápida do que rápida (velocidade máxima/hiperdrive). Considere o ELinks.

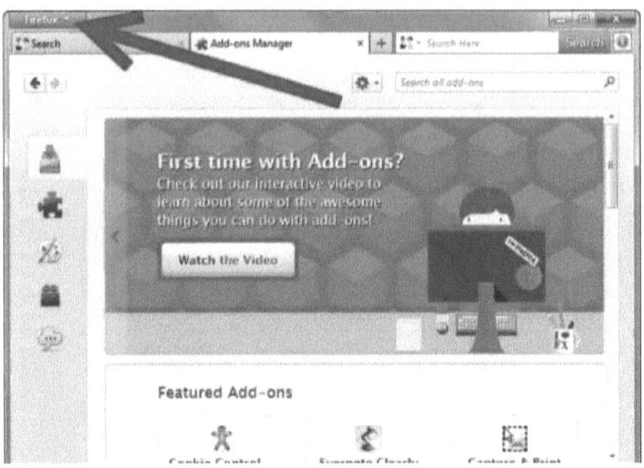

Passo 8: Descubra se pode adicionar funcionalidades que pretenda ou se

existe um método fácil de o fazer, como um plugin ou extensão existente, no caso do Firefox.

Passo 9: Descarregue e instale o seu novo navegador!

ORIENTAÇÕES PARA UMA NAVEGAÇÃO SEGURA NA INTERNET

9.1 NAVEGAÇÃO SEGURA

A segurança da Internet é uma questão de grande preocupação para os utilizadores da Internet. É importante **saber se um sítio Web é seguro** ou não quando se navega na Internet[19] . Um **sítio** Web **seguro** cria uma ligação segura entre o sítio Web e o navegador Web, de modo a que os dados introduzidos, como informações pessoais, dados do cartão de crédito, informações bancárias, etc., não estejam acessíveis a entidades não autorizadas. Quando o browser abre uma ligação segura, pode ver-se "https" no URL em vez de apenas http. Para **saber se um sítio Web é seguro** ou não, procure o símbolo do cadeado amarelo fechado no canto inferior direito da janela do browser.

9.1.1 Como posso saber se um sítio Web é seguro?

Alguns sítios Web utilizam uma ligação segura entre o sítio Web e o seu browser. Isto pode ser importante para si, por exemplo, se pretender pagar online por um produto ou serviço e tiver de introduzir informações sobre o cartão de crédito ou outras informações pessoais. Para saber se o seu browser está a visualizar um sítio Web seguro, pode olhar para a parte inferior direita da janela. Existe uma pequena caixa na moldura da janela, à esquerda da área que descreve a zona em que se encontra (normalmente a zona da Internet, com um ícone de um globo). Se vir um ícone de cadeado amarelo, o sítio Web que está a visualizar é um "sítio Web seguro". Se a caixa estiver vazia, o sítio Web não tem uma ligação segura com o seu browser.

9.2 DICAS PARA COMPRAR ONLINE

Comprar em linha pode ser mais barato e mais cómodo para si e para as empresas. No entanto, certifique-se de que compreende os seus direitos e os riscos antes de fazer compras em linha ou de licitar num leilão em linha.

I. Pagar de forma segura: Não efectue qualquer pagamento a menos que:

- Está num sítio Web seguro, e
- Pode efetuar um pagamento seguro.

Isto protege-o contra fraudes e transacções não autorizadas com cartões de crédito. O endereço de um sítio Web seguro é sempre:

- começar por "https://" e não por "http://"
- apresentam a imagem de um cadeado fechado (normalmente no canto inferior direito da janela do browser).

Só efectue um pagamento se puder ver estes dois elementos. Nunca forneça os dados da sua conta bancária, o número do seu cartão de crédito ou outros dados pessoais se não tiver a certeza de que a empresa é um comerciante respeitável.

II. Conhecer a empresa: Compre apenas em sítios Web que conheça e em que confie. Verifique se a empresa tem um endereço físico e um número de telefone fixo. Se a empresa operar a partir do estrangeiro, poderá ter dificuldade em obter um reembolso ou reparação.

III. Conhecer o produto: Certifique-se de que verifica se:

- o produto é legal

- o produto funciona na Austrália
- quaisquer garantias oferecidas são válidas na Austrália
- o produto tem um reparador autorizado por perto.

IV. **Verifique o contrato:** Certifique-se de que o leu e compreendeu:

- as condições de venda
- a política de reembolso
- os pormenores da entrega
- políticas de devolução e reparação, incluindo quaisquer custos associados.

V. **Verificar o custo total:** Ter em conta o custo total da sua compra. Os custos adicionais podem incluir:

- conversão de moeda
- impostos
- portes de envio e taxas de entrega
- embalagem.

Pode acabar por ser mais barato comprar o produto numa loja local.

VI. **Proteja a sua privacidade:** Só faça compras em linha se se sentir à vontade com a política de privacidade da empresa. Não forneça informações, a menos que elas sejam necessárias para concluir a venda. Lembre-se, se um negócio parecer demasiado bom para ser verdade, provavelmente é.

VII. **Manter registos**: Anote sempre os números de referência e imprima cópias:

- a nota de encomenda (antes e depois da confirmação da encomenda)
- recibos (podem ser enviados por correio eletrónico ou numa janela pop-up).

Certifique-se sempre de que todos os encargos estão corretos, comparando o recibo com o seu:

- extrato do cartão de crédito
- extrato de conta de comerciante (por exemplo, PayPal)
- extrato bancário.

Os encargos podem ser convertidos noutra moeda.

VIII. **Sítios de leilões em linha:** A maioria dos sítios de leilões em linha (como o eBay) oferece um processo de resolução de litígios para compradores e vendedores. Este deve ser o seu primeiro passo para resolver um litígio se:

- não recebeu os artigos que comprou
- não recebeu o pagamento dos artigos que vendeu
- recebeu artigos que eram significativamente diferentes da sua descrição. O sítio Web do eBay apresenta um exemplo desta possibilidade.

9.3 LIMPAR A CACHE DOS BROWSERS

A cache do seu navegador da Internet armazena determinadas informações (instantâneos) das páginas Web que visita no seu computador ou dispositivo móvel para que sejam carregadas mais rapidamente em futuras visitas e enquanto navega em sítios Web que utilizam as mesmas imagens em várias páginas, para que não descarregue a mesma imagem várias vezes[21] . No entanto, ocasionalmente, a cache pode impedir a visualização de conteúdo atualizado ou causar problemas funcionais quando o conteúdo armazenado entra em conflito com o conteúdo ativo. É possível resolver muitos problemas do navegador simplesmente limpando a cache. Este artigo contém instruções com capturas de ecrã sobre como limpar a cache de todos os principais navegadores.

9.3.1 Limpar a cache dos navegadores Chrome acima da versão 10

Passo 1: Abra as definições no Chrome. Clique no ícone do menu no canto superior direito do navegador, à direita. Clique em definições na parte inferior do menu.

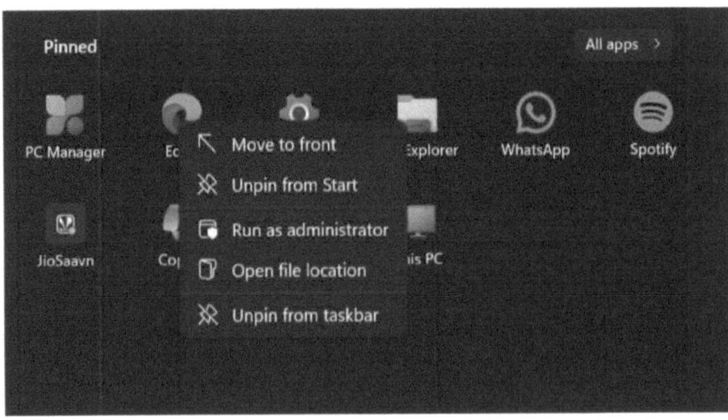

Passo 2: Nas definições, clique em "Mostrar definições avançadas". Está localizado na parte inferior da secção de definições.

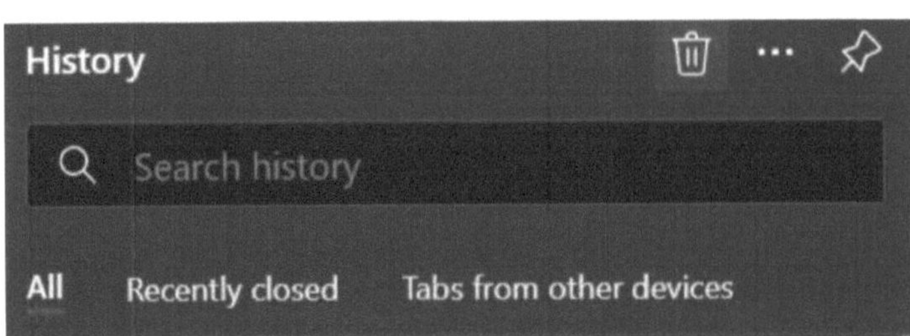

Passo 3: Desloque-se para a secção de privacidade e clique em "Limpar dados de navegação".

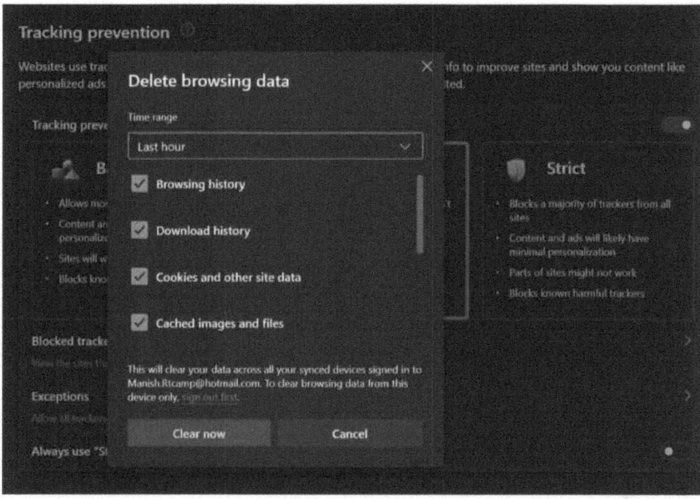

Passo 4: Selecione "Imagens e ficheiros guardados em cache". Desmarque todas as outras opções para evitar apagar o histórico do navegador, os cookies e outros elementos que pretenda manter. Altere "Obliterar os seguintes itens de" para "o início dos tempos".

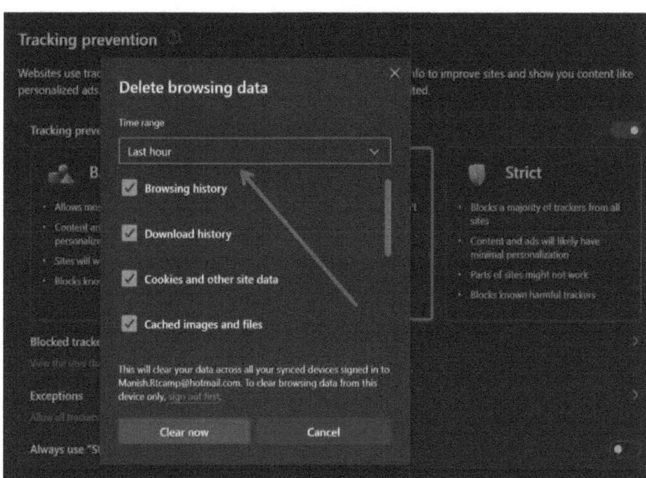

Passo 5: Prima "Limpar dados de navegação". Já está!

9.3.2 Limpar a cache dos navegadores Chrome da versão 1 a 9

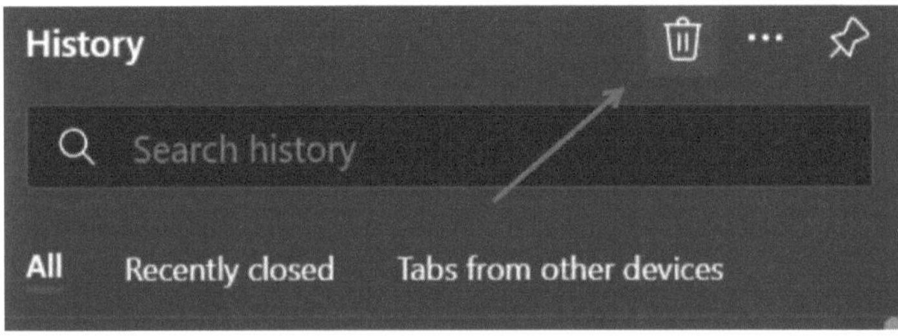

Passo 1: Quando o browser estiver aberto, selecione o menu Ferramentas (a chave inglesa no canto superior direito) e selecione Opções (Preferências no Mac)

Passo 2: No separador "Sob o capuz", clique no botão **Limpar dados de navegação**.

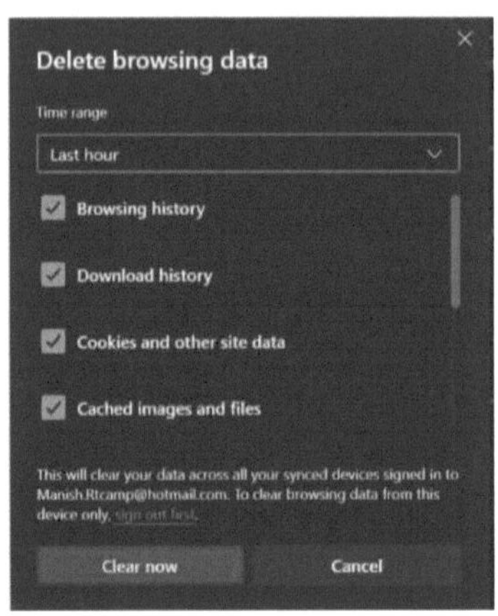

Passo 3: Selecione a caixa de verificação Esvaziar a cache.

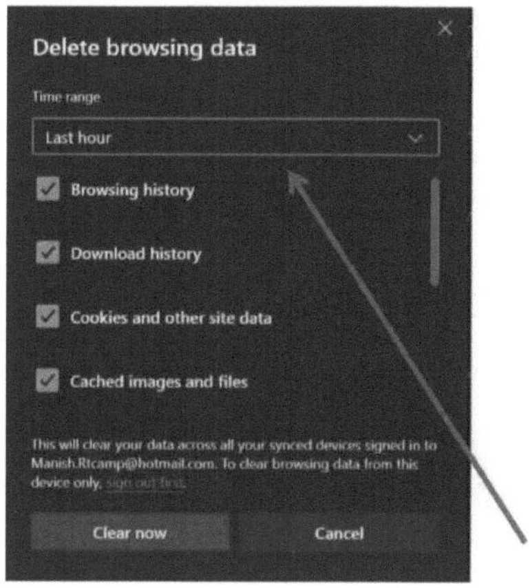

Passo 4: Também pode escolher o período de tempo que pretende eliminar as informações armazenadas em cache utilizando o menu pendente Limpar dados deste período.

Passo 5: Clique no botão Limpar dados de navegação.

9.3.3 Limpar a cache do Safari para iOS, iPhone e iPad

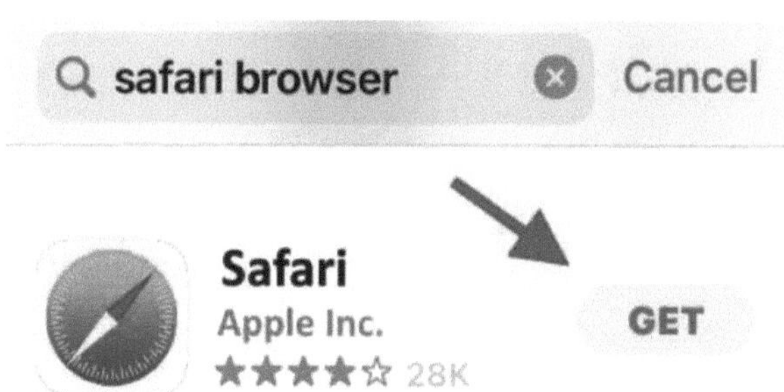

Passo 1: Clique em Definições na página inicial.

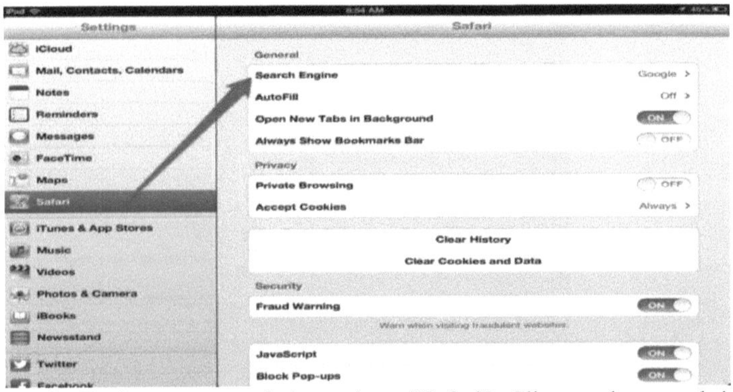

Passo 2: Desloque-se para baixo até ver "Safari". Clique nela para abrir a página de opções.

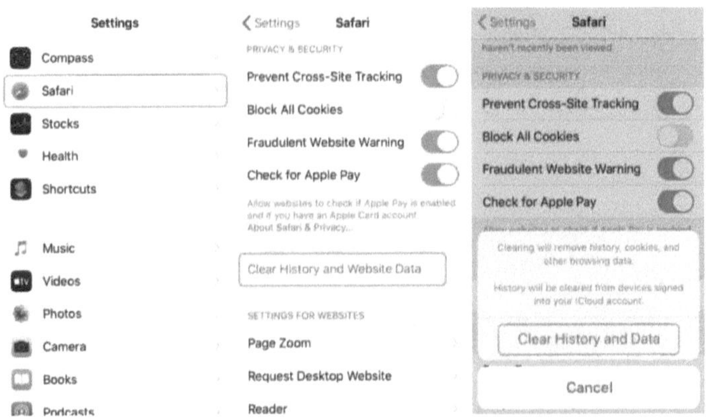

Passo 3: Clique em **"Limpar cookies e dados"**. Aparecerá uma caixa pop-up. Clique novamente em "Limpar cookies e dados" para confirmar as suas escolhas.

9.3.4 Limpar a cache do Safari para Mac OS x

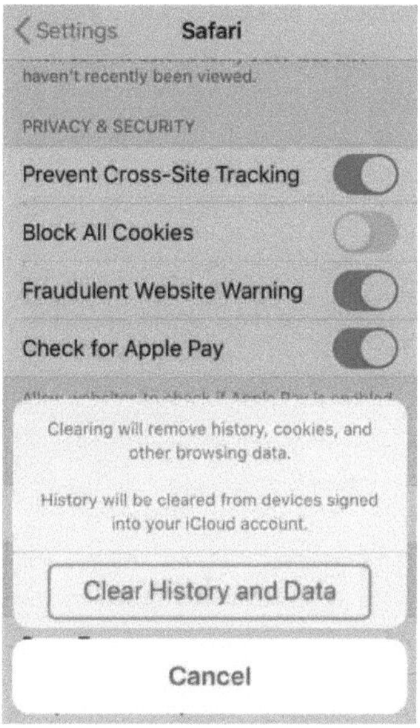

Passo 1: Quando o browser estiver aberto, clique no menu Safari e selecione Esvaziar cache.

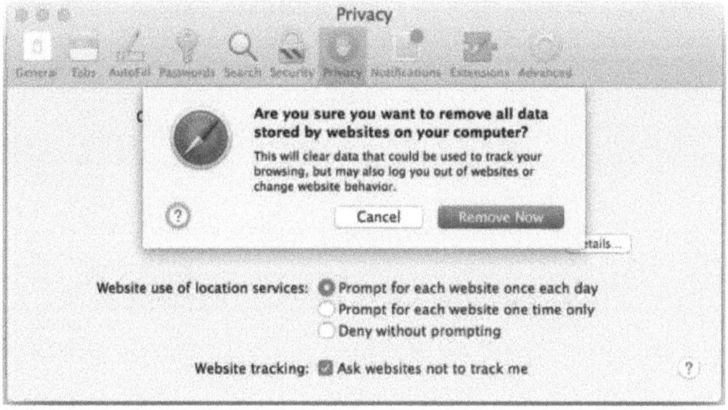

Passo 2: Clique em Vazio.

9.3.5 Limpar a cache do Safari para Windows

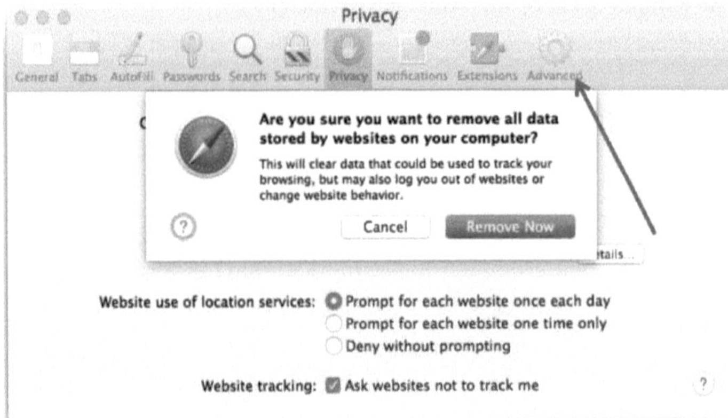
Privacy
General
Tabs
AutoFill
Passwords
Search
Security
Privacy
Notifications
Extensions
Advanced
Are you sure you want to remove all data stored by websites on your computer?
This will clear data that could be used to track your browsing, but may also log you out of websites or change website behavior.
Cancel
Remove Now
Website use of location services:
Prompt for each website once each day
Prompt for each website one time only
Deny without prompting
Website tracking:
Ask websites not to track me

Passo 1: Quando o browser estiver aberto, clique no ícone da engrenagem no canto superior direito.

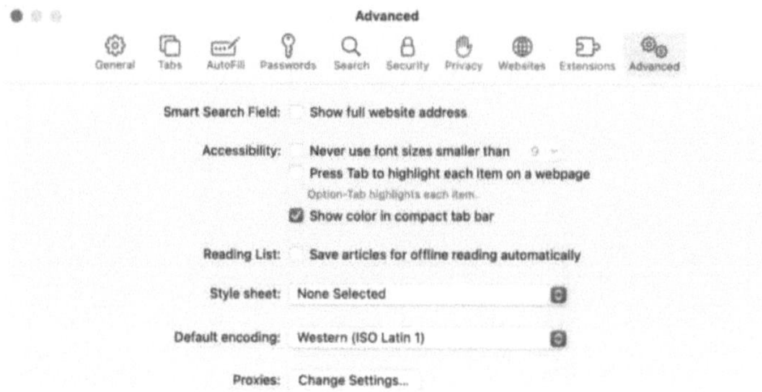

Passo 2: Selecione "Repor o Safari..." Será aberto um ecrã.

Passo 3: Selecione **"Remover todos os dados do sítio Web"** na parte inferior da mensagem. Marque ou desmarque quaisquer outras categorias que pretenda repor.

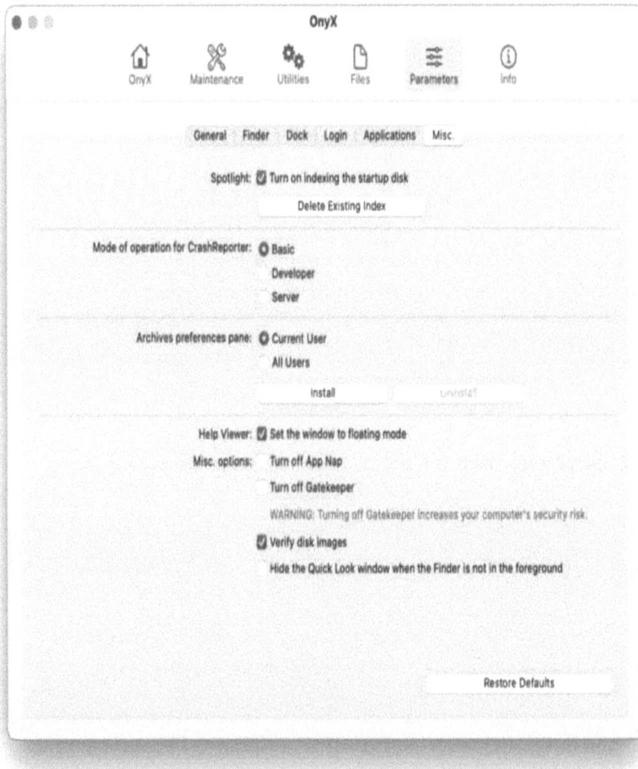

Passo 4: Clique em "Restore" (Restaurar).

9.3.6 Limpar a cache do Internet Explorer 9, 10 e 11

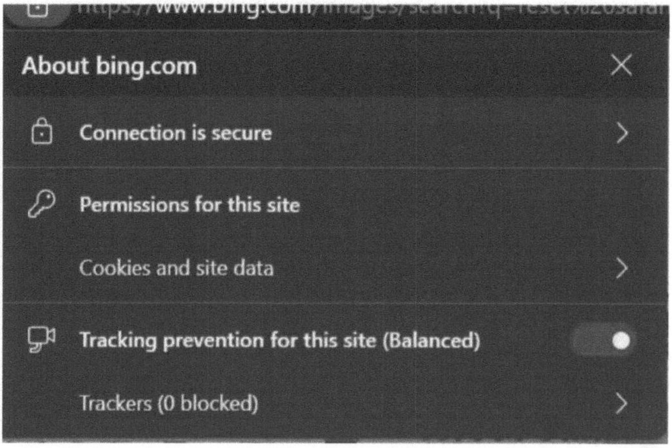

Passo 1: Quando o browser estiver aberto, clique no ícone da engrenagem no canto superior direito para abrir a janela

Menu **Definições.** Em seguida, selecione **Segurança** e **Eliminar histórico de navegação.**

Passo 2: Selecione Ficheiros temporários da Internet. Também é necessário desmarcar todas as outras caixas, especialmente Preservar dados do site Favoritos. Esta opção faz com que a janela também elimine objectos de sítios Web na sua pasta Favoritos, o que é necessário para limpar completamente a cache.

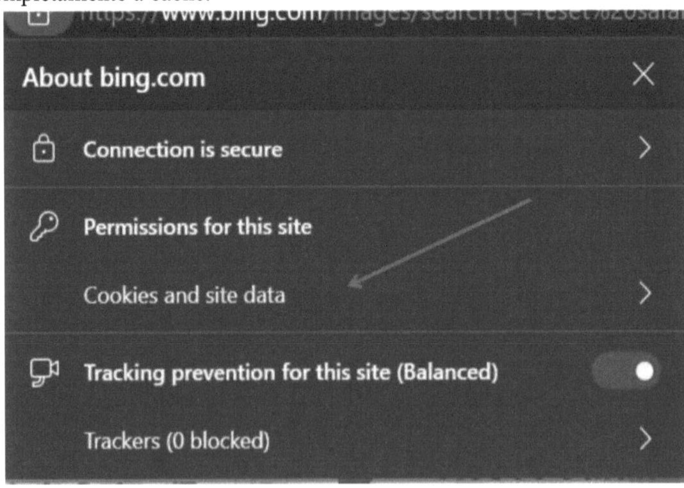

Passo 3: Clique no botão Eliminar junto à parte inferior da janela para efetuar as operações (ou seja, limpar a cache eliminando os ficheiros temporários).

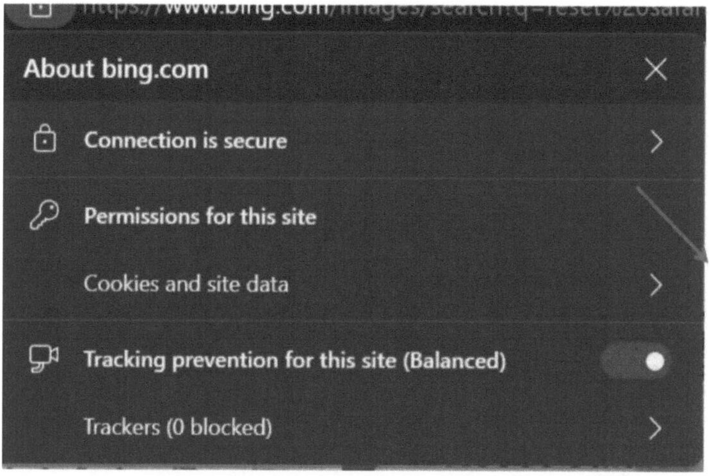

Passo 4: O seu computador funcionará durante um momento e, em seguida, o processo estará concluído. Limpou com êxito a cache do Internet Explorer 9!

9.3.7 Limpar a cache do Internet explorer 8

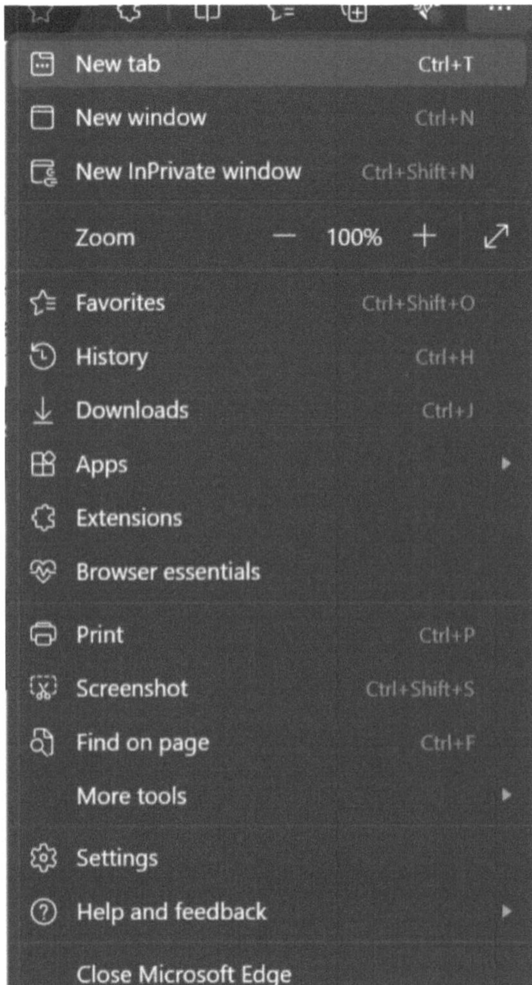

Passo 1: Quando o seu browser estiver aberto, clique no menu **Ferramentas**.

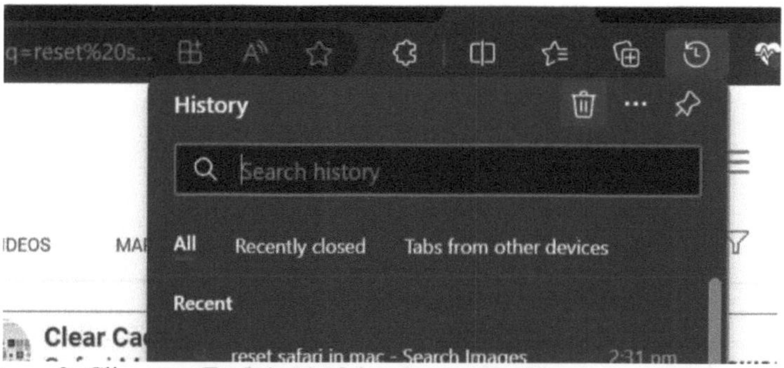

Passo 2: Clique em **Excluir histórico de navegação.**

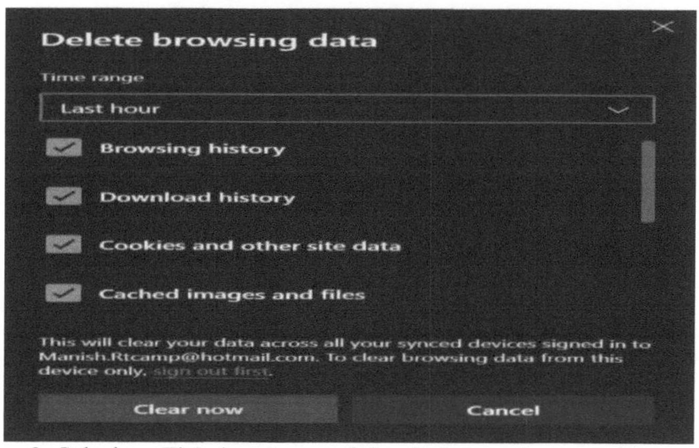

Passo 3: Selecione **Ficheiros temporários da Internet.**

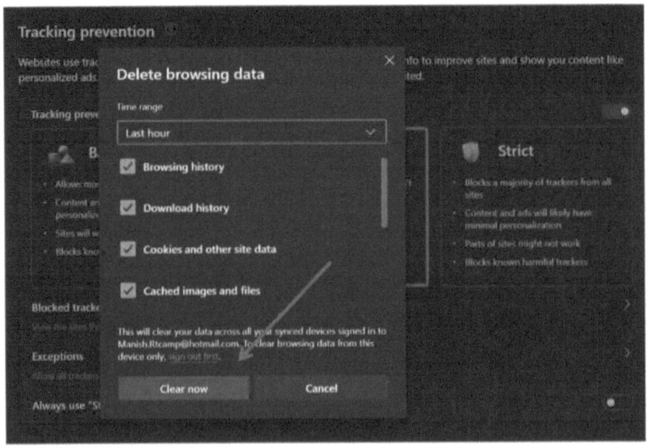

Passo 4: Clique no botão **Eliminar** junto à parte inferior da janela para eliminar os ficheiros temporários (ou seja, limpar a cache).

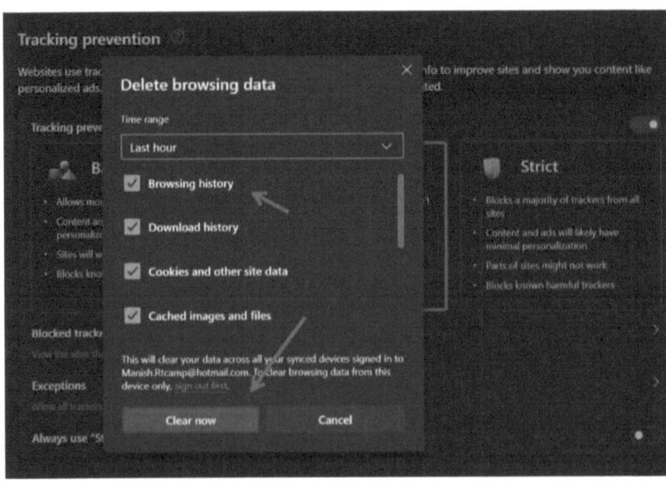

Passo 5: Defina a cache para ser eliminada sempre que fechar o Internet Explorer. Se pretender que o navegador limpe automaticamente a cache sempre que o fechar, feche a janela "Eliminar histórico de navegação", selecione **"Opções da Internet"** no menu Ferramentas e marque a caixa de verificação **"Eliminar histórico de navegação ao sair"**.

9.3.8 Limpar a cache do Firefox

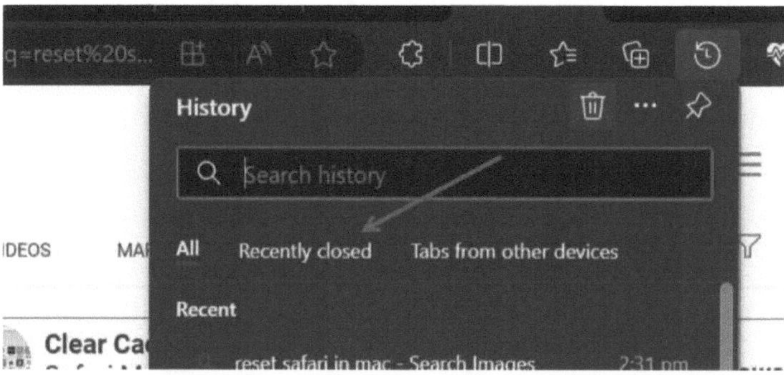

Passo 1: Num PC, clique no menu "Firefox" no canto superior esquerdo. Em seguida, selecione a seta para a direita junto a **"Histórico >"** e clique em **"Limpar histórico recente".**

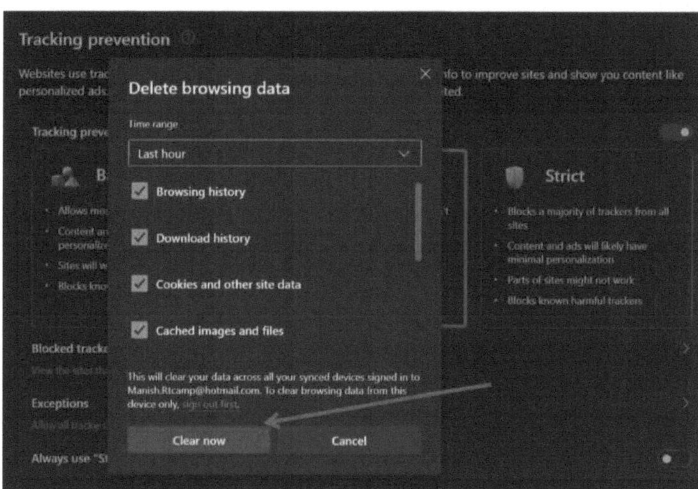

Passo 2: Certifique-se **de que "Detalhes"** está expandido e, em seguida,

selecione **"Cache"** na lista. Desmarque tudo o resto.

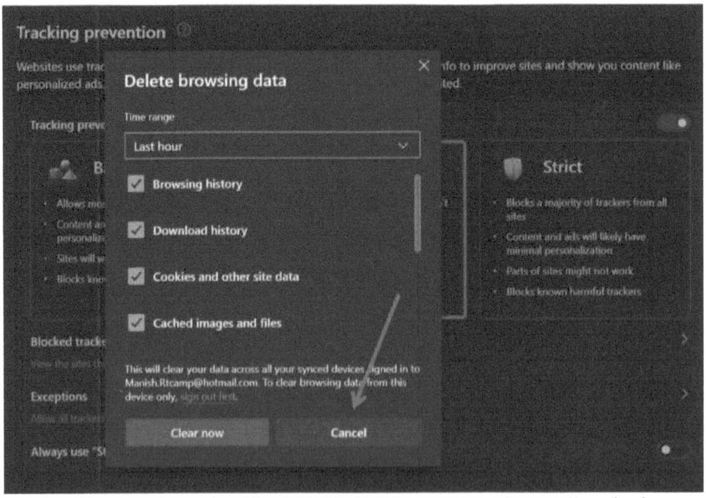

Passo 3: No menu pendente **"Intervalo de tempo a limpar"**, selecione **"Tudo"**.

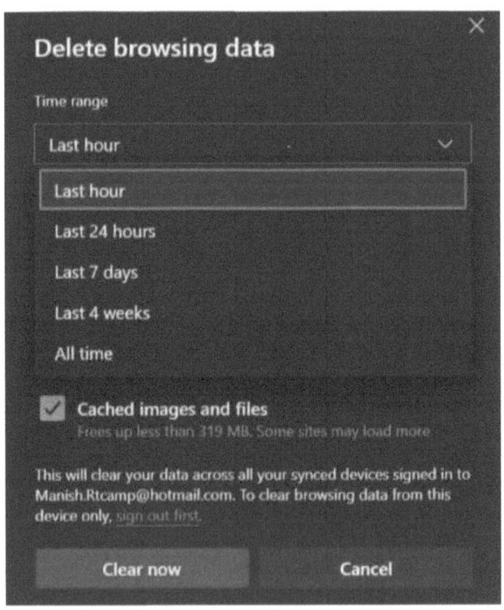

Passo 4: Selecione **"Limpar agora"**. O seu computador irá funcionar durante um momento e o processo estará concluído. Limpou a cache do Firefox com sucesso!

9.3.9 Limpar a cache do Firefox

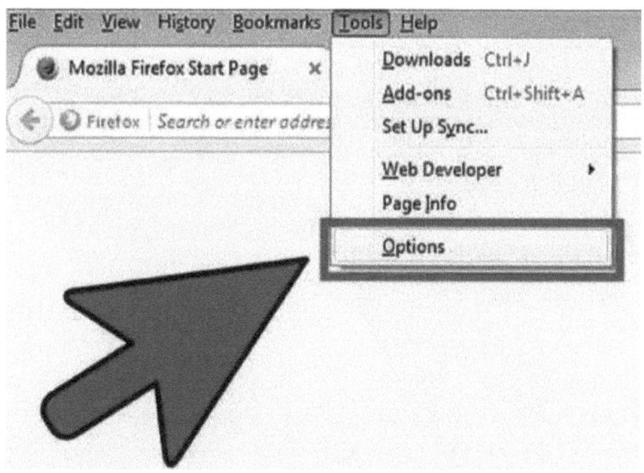

Passo 1: Clique no botão Menu ("botão de hambúrguer" - o que tem três linhas horizontais) e, em seguida, selecione Opções.

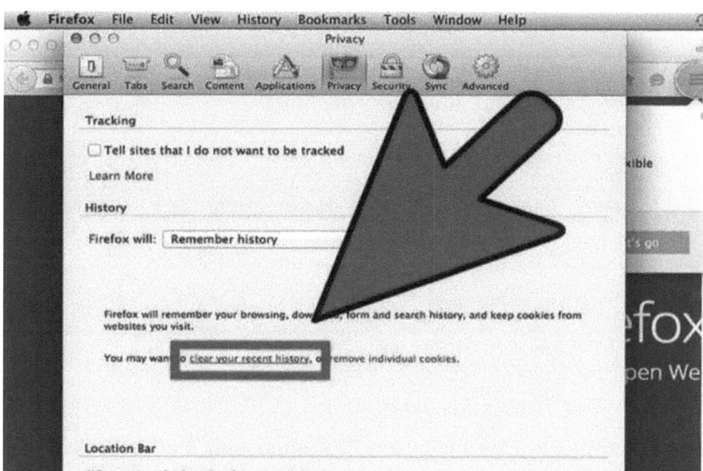

Passo 2: Firefox para Mac: Num Mac, selecione Preferências no menu

Firefox e continue conforme indicado abaixo. Com a janela Opções agora aberta, clique no separador Privacidade. Na área Histórico, clique no link Limpar o histórico recente.

9.3.10 Limpar a cache do Opera

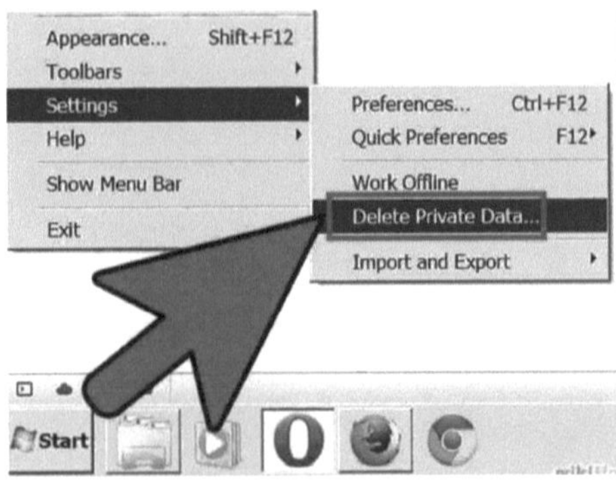

Passo 1: Quando o browser estiver aberto, selecione o menu **"Definições"** e clique em **"Eliminar dados privados"**.

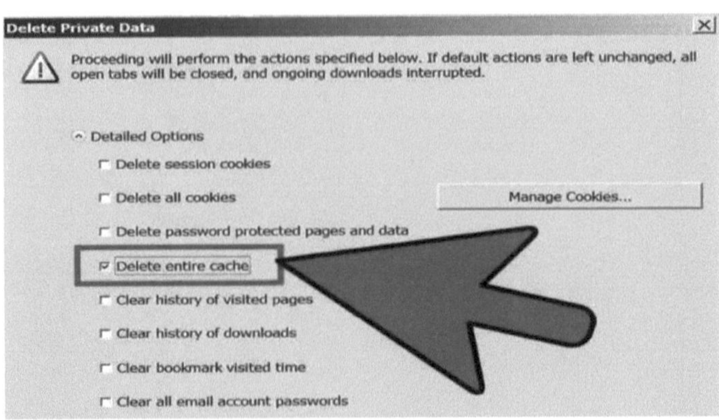

Passo 2: Certifique-se de que a caixa **"Eliminar toda a cache"** está selecionada. Certifique-se de que as categorias indesejadas não estão **selecionadas**.

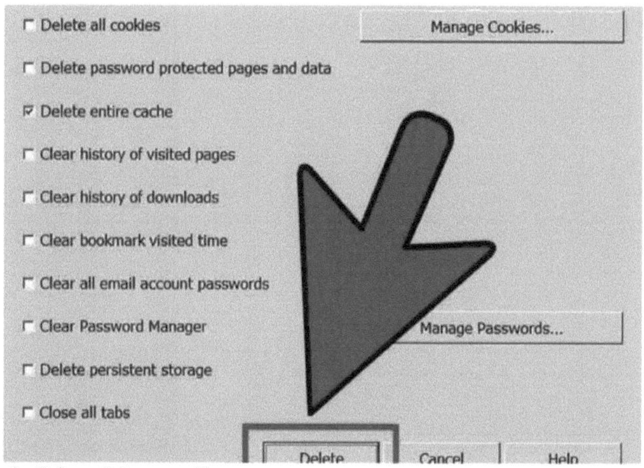

Passo 3: Prima **"Apagar"**.

9.3.10 Limpar a cache do Ccleaner

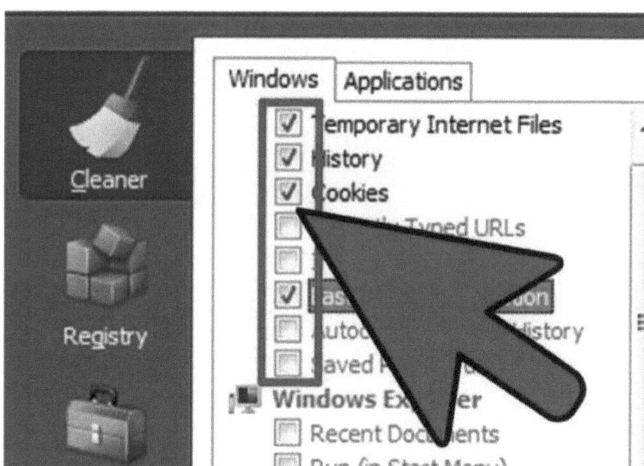

Ccleaner - Esta é uma ferramenta de manutenção do computador que lhe permite analisar e eliminar a cache e os cookies do browser. Inicie-o, vá para o separador Cleaner (Limpar) e certifique-se de que verifica os ficheiros temporários da Internet para o browser que possui.

SEGURANÇA SEM FIOS

Este capítulo trata de diferentes tipos de Boas Práticas que devem ser seguidas quando se utiliza a LAN sem fios.

10.1 O QUE É A REDE SEM FIOS?

Atualmente, a LAN sem fios ou WLAN está a tornar-se uma forma popular de ligar dispositivos como computadores. Em escritórios e residências, a WLAN tornou-se uma forma alternativa de comunicação em comparação com a LAN com fios. A conveniência de ligar diferentes dispositivos é económica e de fácil manutenção. A Wikipedia diz: "As LAN sem fios tornaram-se populares em casa devido à facilidade de instalação e ao aumento da oferta de acesso sem fios aos seus clientes, muitas vezes gratuitamente."

Os outros factores pelos quais as WLAN estão a tornar-se mais aceitáveis são:

1. Não é necessário estar ligado fisicamente entre si através de qualquer meio, como cabos. Pode deslocar-se livremente nas instalações do escritório, em casa ou nos arredores.
2. As WLANs são económicas. Não são necessários cabos em todos os escritórios, hotéis, etc. Por isso, são baratas e oferecem a mesma qualidade de serviço.
3. Em locais inacessíveis, onde um cabo é dificilmente acessível, os sinais WLAN podem chegar, como em grandes instalações como aeroportos. Também é conveniente navegar ao ar livre. Basta instalar o dispositivo denominado pontos de acesso (AP) e já está.
4. Menos interrupções e fácil resolução de problemas em caso de falhas, em comparação com as redes por cabo.
5. Mais seguro, uma vez que a maioria dos APs suporta os melhores métodos de encriptação que os protegem de ataques de sniffing e outros.

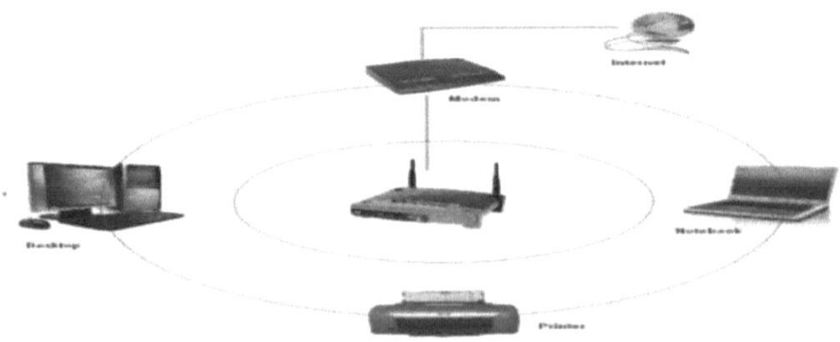

Figura 44: Uma rede sem fios típica

10.2 PROBLEMAS GRAVES COM A WLAN

Dito isto, as WLAN também são tão propensas a vários ataques como as suas congéneres LNAs com fios. Na verdade, as WLAN são mais fáceis de piratear do que as LAN com fios, se não estiverem corretamente configuradas, devido à sua fácil acessibilidade em toda a instalação. Não é necessário estar em contacto com os fios físicos para poder piratear, o que pode ser feito a partir de qualquer lugar. A sua conveniência pode transformar-se num risco grave para a organização se não for corretamente configurada. Os principais ataques incluem, por exemplo, Sniffing, Key cracking, DoS (Denial of Service), ataques de desautenticação, War driving, etc. Este capítulo não se concentra nos ataques, mas sim nas melhores práticas - como instalar e usar a WLAN de forma segura, o que pode impedir vários dos ataques mencionados acima.

10.2.1 WLAN segura

A segurança sem fios depende principalmente destes 3 factores:

- Qual é o grau de segurança da sua rede sem fios em termos de encriptação utilizada?
- Monitorização de actividades suspeitas e invulgares.
- Sensibilização e educação dos utilizadores.

Trata-se da combinação de várias abordagens que vão desde as redes empresariais às redes domésticas. Também se destinam aos utilizadores que pretendem manter-se seguros enquanto navegam.

10.2.2 Wi-Fi em casa

Utilizar uma ligação Wi-Fi em casa já não é um luxo, tornou-se uma necessidade. No entanto, quando a questão da segurança entra em cena, o primeiro pensamento que me vem à cabeça é como é que se pode proteger algo que não se vê, nem se sente? A proteção de uma rede doméstica sem fios é uma questão completamente diferente da das redes com fios. A maior parte dos fornecedores de dispositivos de rede sem fios e dos fornecedores de serviços de Internet não fornecem quaisquer definições de segurança por defeito e deixam o cliente entregue a si próprio. Por isso, certifique-se de que a sua rede está protegida contra a utilização maliciosa.

Não existe uma solução milagrosa que proteja a sua infraestrutura de rede sem fios. Existem, no entanto, algumas contramedidas listadas abaixo que devem ser utilizadas em conjunto para proteger a sua rede sem fios ao mais alto nível:

1. **Utilizar a encriptação mais segura possível**: O primeiro e mais necessário passo - utilizar encriptações padrão da indústria. Sabe-se que a antiga (embora geralmente utilizada) WEP-Wired Equivalent Privacy pode ser quebrada. Mesmo que se utilizem palavras-passe complexas, estas podem ser quebradas e desencriptadas em minutos ou horas. O WEP utiliza cifras RC4 de 40 bits ou 128 bits para encriptar o canal. Em vez disso, utilize protocolos seguros como o WPA 2 - Wi-Fi Protected Access- 2, que utiliza cifras AES fortes de 128 bits e é normalmente considerado a estratégia de encriptação mais robusta disponível.

Ataques atenuados: Quebra de chave WEP, Sniffing, Captura/Escuta

2. **Utilizar a Firewall:** Todos os routers sem fios vêm com firewalls incorporadas. Active-as com todas as funcionalidades de segurança. Deve bloquear quaisquer pedidos anónimos de ping e colocar restrições à navegação em sítios Web, se necessário. Defina políticas de segurança adicionais e aplique-as.

Ataques atenuados: Impressão digital, comprometimento do sistema

3. **Ter um sistema de controlo em vigor:** Há um ditado que diz que mais

vale prevenir do que remediar. Se conseguir detetar algumas actividades suspeitas antes de estas penetrarem na sua rede, pode bloqueá-las ou tomar medidas de precaução. Implemente WIPS/WIDS para monitorizar actividades suspeitas.

Ataques atenuados: Varredura, DoS

4. **Não utilize as credenciais predefinidas:** Todos os routers sem fios vêm com um conjunto de nome de utilizador/palavra-passe predefinidos. Por vezes, as pessoas não os alteram e continuam a utilizá-los durante muito tempo. O nome de utilizador e a palavra-passe são utilizados por computadores ou outros dispositivos para estabelecer ligação ao router sem fios. Se um hacker conseguir adivinhá-los, pode ligar-se facilmente à sua rede. Os estudos mostram que a maioria dos utilizadores utiliza a mesma combinação de nome de utilizador/palavra-passe definida pelos fabricantes. Algumas combinações de nomes de utilizador predefinidos são: admin/admin, admin/palavra-passe ou admin/ " ".

Ataques mitigados: Acesso não autorizado, condução de guerra

5. **Desativar a funcionalidade de ligação automática:** Alguns dispositivos ou computadores/portáteis têm a opção "Deixe esta ferramenta gerir as suas redes sem fios" ou "Ligue-se automaticamente à rede disponível". Esses utilizadores que têm esta funcionalidade de ligação automática activada são propensos a ataques de Phishing ou a ataques de APs desonestos. Os atacantes mantêm os seus APs vivos e activos para este tipo de utilizadores desprevenidos. Utilizam também nomes sedutores como "HotSpot", "SecureConnect", "GovtNetworks", etc. O utilizador nunca suspeitará deles e continuará a navegar alegremente na rede sem fios. Além disso, se não tiver alterado a palavra-passe predefinida do seu router, o atacante tentará utilizar esta funcionalidade na sua máquina e ligar-se-á automaticamente utilizando as palavras-passe predefinidas facilmente adivinháveis.

Ataques mitigados: Phishing, Sniffing, Rouge AP association

6. **Não utilize pontos de Wi-Fi públicos para navegar em sítios Web sensíveis:** As redes sem fios gratuitas e abertas disponíveis em aeroportos, cafés e estações ferroviárias não são muito seguras por

natureza. Não utilizam qualquer encriptação para proteger o canal entre o seu computador portátil e o router. Assim, qualquer informação que não esteja, por defeito, a ser transmitida em HTTPS a partir do seu computador portátil/smartphone é suscetível de ser detectada e, mais ainda, a sua sessão pode ser desviada, porque o canal não encriptado pode divulgar o ID da sessão ativa utilizado pelo seu sítio Web. Recentemente, para demonstrar este tipo de ataques, um investigador desenvolveu a ferramenta Firesheep [http://codebutler.github.com/firesheep/]. Tudo o que o atacante precisa de fazer é instalar esta ferramenta no Firefox e começar a detetar as comunicações numa rede Wi-Fi pública não encriptada. Algumas aplicações, como o Facebook, encriptam a página de início de sessão [HTTPS], mas as páginas internas são servidas num canal [HTTP] não encriptado, pelo que o seu ID de sessão pode ser divulgado.

Ataques atenuados: Sniffing, Session Hijacking

7. **Alterar o SSID predefinido:** Embora isto não impeça os hackers de invadirem uma rede, a utilização de um SSID predefinido funciona como uma indicação de que o utilizador é descuidado. Por isso, o utilizador pode ser um alvo óbvio a explorar para ver se ainda utiliza as palavras-passe predefinidas.

Ataques atenuados: Condução de guerra

8. **Restrinja o acesso atribuindo endereços IP estáticos e filtragem de MAC:** Desactive a funcionalidade de atribuição automática de IP e utilize IPs estáticos privados para os dispositivos legítimos que pretende ligar. Isto ajudá-lo-á a impedir que dispositivos indesejados sejam ligados à sua rede. Além disso, active a filtragem de MAC - o router memoriza o MAC de todos os dispositivos a ele ligados e guarda-os numa lista. Pode utilizar esta funcionalidade para restringir o acesso. Apenas um conjunto de dispositivos de confiança pode ser autorizado a ligar-se. No entanto, a falsificação de MAC continua a ser possível, mas levanta uma barreira extra para a sua rede sem fios.

9. **Desligue o router quando não estiver a ser utilizado:** Por último,

mas não menos importante, é um pouco óbvio, mas irá proteger a sua rede de todos os ataques durante esse período de tempo.

Devido à natureza da atividade e à criticidade da informação, é muito importante que as redes de empresas/sociedades tenham um grau de segurança mais elevado.

É bom ter os seguintes elementos:

- Definir uma política e procedimentos de segurança da informação adequados a toda a organização para a rede sem fios
- Os SSID não devem ser associados à organização, ao fornecedor do AP ou a qualquer outra informação relacionada que possa ser facilmente adivinhada ou associada à organização atual
- Ativar a encriptação WPA2 Enterprise com autenticação RADIUS e utilização do protocolo EAP como EAP-TTLS, TLS, etc.
- Implementação da infraestrutura PKI. Certificados assinados pela CA para autenticar o servidor ao cliente e vice-versa
- Filtragem de clientes com base num identificador único, como o endereço MAC
- Rede sem fios "Guest" isolada, sem interface/ligação à rede empresarial
- Limitar o raio da rede Wi-Fi reduzindo a potência de saída do AP
- Atribuição de endereço IP às máquinas de funcionários e convidados apenas após autenticação bem sucedida
- Alterar periodicamente as chaves e as palavras-passe
- Utilização de VPN ao aceder a informações empresariais a partir de uma rede Wi-Fi pública
- Os utilitários do lado do cliente, como o DecaffeintID, podem ajudar a detetar alterações na tabela ARP e servir como IDS do homem comum para proteger contra ataques como o "hole196" e o DoS.
- Implementação de IDS sem fios. O IDS sem fios é um conceito novo. As principais caraterísticas do IDS sem fios são:

    - Prevenção contra AP's desonestos

- Deteção e prevenção contra ataques DoS
- Assistência para localizar a localização física aproximada do atacante
- Assistência na aplicação da política de segurança da informação da Organização em redes sem fios
- Deteção da utilização de ferramentas de rastreio como o Kismet e o NetStumbler
- Kismet
- NetStumbler

SEGURANÇA DO CORREIO ELECTRÓNICO E DAS REDES SOCIAIS

11.1 ORIENTAÇÕES PARA UMA NAVEGAÇÃO SEGURA NOS SÍTIOS DE REDES SOCIAIS

As comunidades em linha existem desde a invenção da Internet. Primeiro foram os quadros de avisos e as listas de correio eletrónico, que deram a pessoas de todo o mundo a oportunidade de se ligarem, comunicarem e partilharem informações sobre assuntos específicos. Atualmente, os sítios Web de redes sociais alargaram consideravelmente o leque de interações possíveis, permitindo-lhe partilhar mensagens, imagens, ficheiros e até informações actualizadas sobre o que está a fazer e onde se encontra. Estas funções não são novas nem únicas - qualquer uma destas acções pode também ser realizada através da Internet sem aderir a um sítio de rede social.

Embora estas redes possam ser muito úteis e promovam a interação social tanto em linha como fora de linha, ao utilizá-las pode estar a disponibilizar informações a pessoas que pretendem abusar delas. Pense num site de rede social como se fosse uma grande festa. Há lá pessoas que conhece, bem como algumas que não conhece de todo. Imagine-se a andar pela festa com todos os seus dados pessoais e relatos actualizados sobre o que está a pensar, escritos num grande cartaz colado nas suas costas, para que todos o possam ler sem que se aperceba. Quer mesmo que toda a gente saiba tudo sobre si?

Lembre-se de que os sítios de redes sociais são propriedade de empresas privadas, que ganham dinheiro recolhendo dados sobre as pessoas e vendendo esses dados, nomeadamente a terceiros anunciantes. Quando entra num sítio de rede social, está a deixar para trás as liberdades da Internet e a entrar numa rede que é governada e regida pelos proprietários do sítio. As definições de privacidade destinam-se apenas a protegê-lo de outros membros da rede social, mas não protegem os seus dados dos proprietários do serviço. Essencialmente, está a entregar todos os seus dados aos proprietários e a confiar-lhes a sua utilização.

Se trabalha com informações e temas sensíveis e está interessado em utilizar serviços de redes sociais, é importante estar muito consciente das questões de privacidade e segurança que estes suscitam. Os defensores dos direitos humanos são particularmente vulneráveis aos perigos dos sítios de redes sociais e têm de ser extremamente cuidadosos com a informação que revelam sobre si próprios e sobre as pessoas com quem trabalham.

Antes de utilizar qualquer sítio de rede social, é importante compreender de que forma este o torna vulnerável e, em seguida, tomar medidas para se proteger a si e às pessoas com quem trabalha. Este guia ajudá-lo-á a compreender as implicações de segurança da utilização de sítios de redes sociais.

11.1.1 Conselhos gerais sobre a utilização segura das plataformas de redes sociais

As redes sociais tornaram-se uma parte evidente da nossa vida. Partilhamos as nossas actualizações com os nossos amigos, familiares e qualquer pessoa interessada através das redes sociais. Mas os piratas informáticos podem utilizar estas informações para roubar dados sensíveis e invadir a sua conta. Seguem-se algumas dicas gerais sobre a utilização das redes sociais.

- **Fazer sempre as perguntas:**

✓ Quem pode aceder às informações que coloco em linha?

✓ Quem controla e detém as informações que coloco num sítio de rede social?

✓ Que informações sobre mim estão os meus contactos a transmitir a outras pessoas?

✓ Os meus contactos não se importam que eu partilhe informações sobre eles com outras pessoas?

✓ Confio em todas as pessoas com quem me relaciono?

- Certifique-se sempre de que utiliza **palavras-passe seguras** para aceder às redes sociais. Se alguém entrar na sua conta, estará a ganhar acesso a muita informação sobre si e sobre qualquer outra pessoa a quem esteja ligado através dessa rede social. Altere as suas palavras-passe regularmente como uma questão de rotina.

- Certifique-se de que compreende as **definições de privacidade** predefinidas oferecidas pelo sítio de rede social e de que sabe como alterá-las.
- Considere a possibilidade de utilizar **contas/identidades separadas**, ou talvez pseudónimos diferentes, para campanhas e actividades diferentes. Lembre-se que a chave para utilizar uma rede em segurança é poder confiar nos seus membros. Contas separadas podem ser uma boa forma de garantir que essa confiança é possível.
- Tenha cuidado ao aceder à sua conta de rede social em espaços públicos da Internet. **Elimine a sua palavra-passe e o histórico de navegação** quando utilizar um browser num equipamento público.
- **Aceda a sites de redes sociais utilizando https://** para proteger o seu nome de utilizador, palavra-passe e outras informações que publique. Utilizar https:// em vez de http:// acrescenta outra camada de segurança ao encriptar o tráfego do seu browser para o seu sítio de rede social.
- Tenha cuidado ao colocar demasiadas informações nas **suas actualizações de estado**, mesmo que confie nas pessoas das suas redes. É fácil para alguém copiar as suas informações.

- A maioria das redes sociais permite-lhe integrar informações noutras redes sociais. Por exemplo, pode publicar uma atualização na sua conta do Twitter e tê-la automaticamente publicada também na sua conta do Facebook. Tenha especial **cuidado ao integrar as suas contas de redes sociais**! Pode ser anónimo num sítio, mas exposto noutro.

- Tenha cuidado com a segurança do seu conteúdo num sítio de rede social. **Nunca confie num sítio de rede social como principal anfitrião dos seus conteúdos** ou informações. É muito fácil para os governos bloquearem o acesso a um sítio de rede social dentro das suas fronteiras se, de repente, considerarem o seu conteúdo censurável. Os administradores de um sítio de rede social também podem decidir remover eles próprios o conteúdo censurável, em vez de enfrentarem a censura num determinado país.

11.1.2 Publicação de dados pessoais

Os sítios de redes sociais pedem-lhe uma grande quantidade de dados sobre si para que seja mais fácil para os outros utilizadores encontrá-lo e ligar-se a si. Talvez a maior vulnerabilidade que isto cria para os utilizadores destes sítios seja a possibilidade de fraude de identidade, que é cada vez mais comum. Além disso, quanto mais informações sobre si revelar em linha, mais fácil se torna para as autoridades identificá-lo e controlar as suas actividades. As actividades em linha de activistas da diáspora de alguns países conduziram à perseguição dos seus familiares pelas autoridades dos seus países de origem.

Pergunte a si próprio: é necessário publicar as seguintes informações em linha?

- ✓ datas de nascimento
- ✓ números de telefone de contacto
- ✓ endereços
- ✓ pormenores sobre os membros da família
- ✓ orientação sexual
- ✓ historial de educação e emprego

11.1.3 Amigos, seguidores e contactos

A primeira coisa que fará depois de preencher os seus dados pessoais em qualquer aplicação de rede social é estabelecer ligações com outras pessoas. Presumivelmente, estes contactos são pessoas que conhece e em quem confia, mas também pode estar a ligar-se a uma comunidade em linha de pessoas com os mesmos interesses que nunca conheceu. O mais importante é perceber que informação está a permitir que esta comunidade em linha tenha.

Ao utilizar uma conta numa rede social como o Facebook, onde são guardadas muitas informações sobre si, considere a possibilidade de se ligar apenas a pessoas que conhece e em quem confia para não utilizarem indevidamente as informações que publica.

11.1.4 Actualizações de estado

No Twitter, no Facebook e em redes semelhantes, a atualização do estado responde às perguntas: O que estou a fazer neste momento? O que está a acontecer? O aspeto mais importante a compreender sobre a atualização do estado é quem pode realmente vê-la. A definição predefinida para a atualização de estado na maioria das aplicações de redes sociais é que qualquer pessoa na Internet a pode ver. Se quiser que apenas os seus contactos vejam as actualizações, tem de dizer à aplicação de rede social para manter as suas actualizações ocultas de todos os outros.

Para o fazer no Twitter, procure "Protect Your Tweets". No Facebook, altere as suas definições para partilhar as suas actualizações apenas com "Amigos". Mesmo que altere essas definições, tenha em conta a facilidade com que as suas informações podem ser reenviadas por seguidores e amigos. Chegue a acordo com a sua rede de amigos sobre uma abordagem comum para transmitir as informações publicadas nas suas contas de redes sociais. Também deve pensar no que pode estar a revelar sobre os seus amigos e que eles podem não querer que outras pessoas saibam; é importante ser sensível a este respeito e pedir aos outros que sejam sensíveis ao que revelam sobre si.

Tem havido muitos incidentes em que as informações incluídas nas actualizações de estado foram utilizadas contra pessoas. Professores nos EUA foram despedidos depois de publicarem actualizações sobre o que sentiam em relação aos seus alunos; outros empregados perderam o emprego por publicarem informações sobre os seus empregadores. Isto é algo com que quase toda a gente precisa de ter cuidado.

11.1.5 Partilhar conteúdo online

É fácil partilhar um link para um sítio Web e chamar a atenção do seu amigo. Mas quem mais estará a prestar atenção e que tipo de reação terá? Se partilhar (ou "gostar") de um site que se opõe a uma posição do seu governo, por exemplo, os agentes desse governo podem muito bem interessar-se e visá-lo para vigilância adicional ou perseguição direta.

Se quiser que os seus contactos (e, claro, os administradores da plataforma de rede social que utiliza) sejam os únicos que podem ver as coisas que partilha ou que marca como interessantes, certifique-se de que verifica as suas definições de privacidade.

11.1.6 Revelar a sua localização

A maioria dos sítios de redes sociais mostra a sua localização se esses dados estiverem disponíveis. Esta função é geralmente fornecida quando utiliza um telemóvel com GPS para interagir com uma rede social, mas não parta do princípio de que não é possível se não estiver a ligar-se a partir de um telemóvel. A rede à qual o seu computador está ligado também pode fornecer dados de localização. A forma mais segura de o fazer é verificar novamente as suas definições.

Tenha especial atenção às definições de localização nos sites de partilha de fotografias e vídeos. Não parta do princípio de que não estão a partilhar a sua localização: verifique novamente as definições para ter a certeza.

11.1.7 Partilhar vídeos e fotografias

As fotografias e os vídeos podem revelar facilmente a identidade das pessoas. É importante que tenha o consentimento do(s) sujeito(s) de qualquer fotografia ou vídeo que publique. Se estiver a publicar uma imagem de outra pessoa, tenha em atenção que pode estar a comprometer a sua privacidade. Nunca publique um vídeo ou uma fotografia de alguém sem obter primeiro o seu consentimento.

As fotografias e os vídeos também podem revelar muitas informações de forma não intencional. Muitas câmaras incorporam dados ocultos (etiquetas de metadados) que revelam a data, a hora e o local da fotografia, o tipo de câmara, etc. Os sítios de partilha de fotografias e vídeos podem publicar estas informações quando o utilizador carrega conteúdos para os seus sítios.

11.1.8 Conversas instantâneas

Muitos sítios de redes sociais dispõem de ferramentas que permitem conversar com os seus amigos em tempo real. Estas ferramentas funcionam como mensagens instantâneas e são uma das formas mais inseguras de comunicar na Internet, porque podem revelar com quem se está a comunicar e sobre o que se está a comunicar.

A ligação ao sítio através de https é um requisito mínimo para uma conversação segura, mas mesmo isto nem sempre é uma garantia de que a conversação está a utilizar uma ligação segura. Por exemplo, o chat do Facebook utiliza um canal diferente do HTTPS (e é mais suscetível de ser exposto).

É mais seguro utilizar uma aplicação específica para as suas conversas, como o Pidgin com um plugin Off-the- record, que utiliza encriptação. Leia o guia prático 'Pidgin - mensagens instantâneas seguras'.

11.1.9 Aderir e criar grupos, eventos e comunidades

Que informação está a dar às pessoas quando se junta a um grupo ou comunidade? O que é que isso diz sobre si? Em alternativa, o que é que as pessoas estão a anunciar ao mundo se aderirem a um grupo ou comunidade que criou? Como é que está a colocar as pessoas em risco? Quando se adere a uma comunidade ou grupo em linha, está-se a revelar algo sobre si aos outros. Em geral, as pessoas podem presumir que apoia ou concorda com o que o grupo está a dizer ou a fazer, o que o pode tornar vulnerável se for visto a alinhar com determinados grupos políticos, por exemplo. Além disso, se aderir a um grupo com um grande número de membros que não conhece, isso pode comprometer quaisquer definições de privacidade ou segurança que tenha aplicado à sua conta, por isso pense nas informações que está a fornecer antes de aderir. Está a utilizar a sua fotografia e o seu nome verdadeiro para que estranhos o possam identificar?

Em alternativa, se criar um grupo e as pessoas decidirem aderir a ele, o que é que estão a anunciar ao mundo ao fazê-lo? Por exemplo, talvez se trate de um grupo de apoio a gays e lésbicas que tenha criado para ajudar as pessoas, mas ao aderir a esse grupo as pessoas estão a identificar-se abertamente como gays ou gay-friendly, o que pode trazer perigos para elas no mundo real.

11.2 DICAS DE SEGURANÇA PARA O CORREIO ELECTRÓNICO

1. Não abra anexos de correio eletrónico que não esteja à espera ou que tenham vindo de alguém que não conhece. Quando abrir uma mensagem de correio eletrónico, certifique-se de que o seu software antivírus está atualizado e preste muita atenção aos avisos do seu browser ou programa de correio eletrónico.
2. Pode utilizar software de anonimato que o ajude a ocultar o serviço de correio eletrónico escolhido de qualquer pessoa que possa estar a monitorizar a sua ligação à Internet. Um bom programa de software gratuito para o fazer é o ***Tor*** (saiba mais sobre o navegador Tor utilizando o Google). Se não quiser dar informações sobre a sua identidade através do seu correio eletrónico, não registe um nome de utilizador ou "Nome completo" que esteja relacionado com a sua vida pessoal ou profissional.
3. Pode evitar receber spam (correio eletrónico não desejado ou lixo eletrónico) guardando o seu endereço de correio eletrónico e distribuindo-o com moderação. Além disso, nunca abra nem responda a mensagens de correio eletrónico que considere serem spam, porque os spammers considerarão isso como uma prova da legitimidade do endereço e enviar-lhe-ão mais spam. Considere a possibilidade de utilizar um filtro de spam, mas lembre-se de que é necessário monitorizá-lo, pois pode confundir um e-mail genuíno com spam.

4. Deve tentar evitar que os destinatários confundam os seus e-mails com spam. Os filtros de spam bloqueiam as mensagens com determinadas palavras no título do assunto. Vale a pena verificar a sua pasta de spam para encontrar linhas de assunto que estejam a ser bloqueadas.

5. Cuidado com as burlas por correio eletrónico. Muitas mensagens de correio eletrónico fraudulentas fingem vir de um banco, do Ebay, do Paypal ou de outras lojas em linha. Se receber uma mensagem de correio eletrónico a dizer que a sua conta corre o risco de ser encerrada ou que precisa de tomar medidas imediatas para atualizar as informações da sua conta, desconfie: estas mensagens são normalmente burlas. Outra fraude frequente consiste em receber uma mensagem de correio eletrónico de alguém conhecido que diz ter tido uma emergência e lhe pede para lhe enviar dinheiro. É provável que a conta de correio eletrónico dessa pessoa tenha sido comprometida por um burlão.

6. Preste muita atenção se o seu browser lhe enviar subitamente mensagens sobre certificados de segurança inválidos quando tentar aceder a uma conta de webmail segura. Isto pode significar que alguém está a interferir na comunicação entre o seu computador e o servidor para intercetar as suas mensagens.

SEGURANÇA DO SMARTPHONE

12.1 INTRODUÇÃO[24]

Os avanços tecnológicos significam agora que os telemóveis podem fornecer serviços e funcionalidades semelhantes aos computadores de secretária ou portáteis. Estes smartphones oferecem muitas novas formas de comunicar e de captar e divulgar meios de comunicação. Para oferecer estas novas funcionalidades, os smartphones não só utilizam a rede móvel, como também se ligam à Internet, quer através de uma ligação Wi-Fi (semelhante à de um computador portátil num cibercafé), quer através de ligações de dados através do operador da rede móvel.

Assim, embora se possa, obviamente, fazer chamadas telefónicas com um smartphone, é melhor encarar os smartphones como pequenos dispositivos informáticos. Isto significa que o restante material deste kit de ferramentas é relevante para a utilização do seu smartphone, bem como do seu computador.

Os smartphones suportam geralmente uma vasta gama de funcionalidades - navegação na Web, correio eletrónico, mensagens vocais e instantâneas através da Internet, captação, armazenamento e transmissão de áudio, vídeos e fotografias, possibilidade de ligação em rede social, jogos multi-utilizadores, operações bancárias e muitas outras actividades. No entanto, muitas destas ferramentas e caraterísticas introduzem novos problemas de segurança ou aumentam os riscos existentes. Por exemplo, alguns smartphones têm incorporada a funcionalidade de geo-localização (GPS), o que significa que podem fornecer a sua localização exacta ao seu operador de rede móvel por defeito e a muitas aplicações que utiliza no seu telefone (como redes sociais, cartografia, navegação e outras aplicações). Como já foi referido, os telemóveis já transmitem as suas informações de localização ao seu operador de rede móvel (como parte das funções normais do telemóvel). No entanto, a funcionalidade adicional do GPS não só aumenta a precisão das suas informações de localização, como também aumenta o número de locais onde essas informações podem ser distribuídas.

Vale a pena rever todos os riscos associados aos telemóveis abordados no nosso guia Como utilizar os telemóveis da forma mais segura possível, uma vez que todos eles são igualmente relevantes para a utilização de smartphones. Esse guia também abrange questões de escutas, interceção de

SMS ou chamadas telefónicas, questões relacionadas com o cartão SIM e melhores práticas.

Neste guia, vamos dar uma vista de olhos aos desafios de segurança adicionais colocados pelos smartphones.

12.2 DIRECTRIZES DE SEGURANÇA PARA SMARTPHONES

12.2.1 Bolsas, carteiras, smartphones

Temos uma compreensão intuitiva do valor de manter a nossa carteira ou bolsa segura, porque muitas informações sensíveis estão armazenadas nelas, e perdê-las comprometerá a nossa privacidade e segurança. As pessoas estão menos conscientes da quantidade de informações pessoais armazenadas nos seus smartphones e consideram a perda de um telemóvel um incómodo e não um risco. Se pensarmos também que um smartphone é um dispositivo informático que está sempre ligado a uma rede e que é continuamente transportado, isso também realça a importante diferença entre um suporte de informações discretas e passivas (como uma carteira) e um item ativo e interativo como um smartphone.

Um exercício simples pode ajudar a ilustrar este facto:

Esvazie o conteúdo da sua carteira ou porta-moedas e tenha em conta os objectos sensíveis. Normalmente, pode encontrar - Fotografias de pessoas queridas (~5 fotografias) - Cartões de identificação (carta de condução, cartões de sócio, cartões da segurança social) - Informações sobre seguros e saúde (~2 cartões) - Dinheiro (~5 notas) - Cartões de crédito/débito (~3 cartões)

Agora, examine o conteúdo do seu smartphone. Um utilizador típico de um smartphone pode encontrar alguns dos itens acima em quantidades mais elevadas e, em alguns casos, itens muito mais valiosos:

- Fotografias de entes queridos (~100 fotografias)
- Aplicações de correio eletrónico e respectivas palavras-passe
- Emails (~500 emails)
- Vídeos (~50 vídeos)

- Aplicações de redes sociais e respectivas palavras-passe
- Aplicações bancárias (com acesso às contas bancárias)
- Documentos sensíveis
- Registos de comunicações sensíveis
- Uma ligação em direto às suas informações sensíveis

Quanto mais se utilizam os smartphones, mais se deve tomar consciência dos riscos associados e tomar as precauções adequadas. Os smartphones são amplificadores e distribuidores poderosos dos seus dados pessoais. Foram concebidos para proporcionar o máximo de conetividade possível e para se ligarem a serviços de redes sociais por defeito. Isto deve-se ao facto de os seus dados pessoais serem informações valiosas que podem ser agregadas, pesquisadas e vendidas. Pode ser desastroso se perder o telemóvel sem ter uma cópia de segurança dos seus dados mais importantes (como os contactos) num local seguro. Para além de fazer uma cópia de segurança dos seus dados, certifique-se de que também sabe como restaurar os dados. Mantenha uma cópia impressa dos passos a seguir para poder fazê-lo rapidamente em caso de emergência.

Neste capítulo, começaremos por apresentar algumas noções básicas sobre smartphones - uma descrição das várias plataformas e alguns procedimentos básicos de configuração para proteger as suas informações e comunicações. As restantes partes deste capítulo abordarão precauções específicas relacionadas com as utilizações comuns dos smartphones.

12.2.2 Plataformas, configuração e instalação

12.2.2.1 Plataformas e sistemas operativos

No momento em que escrevemos este artigo, os smartphones mais utilizados são o iPhone da Apple e o Android da Google, seguidos do Blackberry e dos telemóveis Windows. A principal diferença entre o Android e os outros sistemas operativos é que o Android é, na sua maioria, um sistema de código aberto *(FOSS)*, o que permite que o sistema operativo seja auditado de forma independente para verificar se protege adequadamente as informações e as comunicações dos utilizadores. Também facilita o desenvolvimento de aplicações de segurança para esta plataforma. Muitos programadores conscientes da segurança desenvolvem aplicações Android tendo em mente a segurança dos utilizadores. Alguns deles serão destacados mais adiante neste capítulo.

Independentemente do tipo de smartphone que está a utilizar, há questões a que deve estar atento quando utiliza um telemóvel que se liga à Internet e que inclui funcionalidades como *GPS* ou capacidades de rede sem fios. Neste capítulo, centramo-nos nos dispositivos com a plataforma Android, porque, como já foi referido, é mais fácil proteger os dados e as comunicações. No entanto, também são fornecidos guias de configuração básica e algumas aplicações para outros dispositivos que não telemóveis Android. Os telemóveis Blackberry foram apresentados como dispositivos de mensagens e correio eletrónico "seguros". Isto deve-se ao facto de as mensagens e os e-mails serem canalizados de forma segura através dos servidores Blackberry, fora do alcance de potenciais espiões. Infelizmente, cada vez mais governos estão a exigir o acesso a estas comunicações, invocando a necessidade de se protegerem contra o terrorismo potencial e o crime organizado. A Índia, os Emirados Árabes Unidos, a Arábia Saudita, a Indonésia e o Líbano são exemplos de governos que examinaram a utilização de dispositivos Blackberry e exigiram o acesso aos dados dos utilizadores nos seus países.

12.2.2.2 Telefones com recursos

Outra categoria de telemóveis é frequentemente designada por "telemóveis com funções". Recentemente, as funcionalidades dos telemóveis aumentaram para incluir as de alguns smartphones. Mas, em geral, os sistemas operativos dos telemóveis são menos acessíveis, pelo que as oportunidades de aplicações ou melhorias de segurança são limitadas. Não abordamos especificamente os telemóveis com funções, embora muitas das medidas aqui discutidas também façam sentido para os telemóveis com funções.

12.2.2.3 Smartphones de marca e bloqueados

Os smartphones são normalmente vendidos com marca ou bloqueados. Bloquear os smartphones significa que o aparelho só pode ser utilizado por um operador, cujo cartão SIM é o único que funciona no aparelho. Os operadores de redes móveis costumam marcar um telemóvel instalando o seu próprio firmware ou software. Podem também desativar algumas funcionalidades ou acrescentar outras. A marca é um meio de as empresas aumentarem as receitas canalizando a utilização do seu smartphone, muitas vezes recolhendo também dados sobre a forma como está a utilizar o telefone ou permitindo o acesso remoto ao seu smartphone.

Por estas razões, recomendamos que compre um smartphone sem marca, se puder. Um telemóvel bloqueado representa um risco maior, uma vez que todos os seus dados são encaminhados através de um único operador, o que centraliza os seus fluxos de dados e impossibilita a mudança de cartões SIM para disseminar os dados por diferentes operadores. Se o seu telemóvel estiver bloqueado, peça a alguém da sua confiança para o desbloquear.

12.2.2.4 Configuração geral

Os smartphones têm muitas definições que controlam a segurança do dispositivo. É importante prestar atenção à forma como o seu smartphone está configurado. Nos guias práticos abaixo, iremos alertá-lo para determinadas definições de segurança do smartphone que estão disponíveis mas não estão activas por defeito, bem como para as que estão activas por defeito e que tornam o seu telefone vulnerável.

12.2.2.5 Instalar e atualizar aplicações

A forma habitual de instalar novo software no seu smartphone é utilizar a Appstore do iPhone ou a loja Google Play, iniciar sessão com as suas credenciais de utilizador, descarregar e instalar a aplicação pretendida. Ao iniciar sessão, associa a sua utilização da loja online à conta de utilizador que iniciou sessão. Os proprietários da loja de aplicações mantêm registos do histórico de navegação e das escolhas de aplicações deste utilizador.

As aplicações que são oferecidas na loja online oficial são, supostamente, verificadas pelos proprietários da loja (Google ou Apple), mas, na realidade, isto oferece uma fraca proteção contra o que as aplicações farão depois de serem instaladas no seu telemóvel. Por exemplo, algumas aplicações podem copiar e enviar o seu livro de endereços depois de serem instaladas no seu telemóvel. Nos telemóveis Android, cada aplicação tem de solicitar, durante o processo de instalação, o que lhe será permitido fazer quando estiver a ser utilizada. Deve prestar muita atenção às permissões que são solicitadas e se estas permissões fazem sentido para a função da aplicação que está a instalar. Por exemplo, se estiver a considerar uma aplicação de "leitor de notícias" e descobrir que esta solicita os direitos de enviar os seus contactos através de uma ligação de dados móveis a terceiros, deve procurar aplicações alternativas com acesso e direitos adequados.)ites. Alguns utilizadores poderão querer considerar estes sites alternativos para minimizar o contacto online com o Google. Uma das lojas alternativas é a **F-Droid** ("Free Droid"), que apenas fornece aplicações *FOSS*. No entanto, lembre-se de que deve confiar no sítio antes de descarregar quaisquer aplicações a partir dele. Para utilizadores inexperientes, recomendamos a utilização da loja Google Play.

Se não quiser (ou não puder) aceder às aplicações online, pode transferir aplicações do telemóvel de outra pessoa enviando ficheiros *.apk* (abreviatura de "pacote de aplicações android") através de bluetooth. Em alternativa, pode descarregar o ficheiro .apk para o cartão Micro SD do seu dispositivo ou utilizar um cabo USB para o transferir a partir de um PC. Quando tiver recebido o ficheiro, basta tocar longamente no nome do ficheiro e ser-lhe-á pedido que o instale. (**Nota**: tenha especial cuidado ao utilizar o Bluetooth.

12.2.3 Comunicar de forma segura (através de voz e mensagens) com um smartphone

12.2.3.1 Comunicação de voz segura

Telefonia básica

Para poder enviar ou receber chamadas ou comunicações para o seu telemóvel, as torres de sinalização mais próximas são alertadas pelo seu telemóvel da sua presença[25] . Como resultado desses alertas e comunicações, o fornecedor de serviços de rede sabe a localização geográfica exacta do seu telemóvel em qualquer momento.

Sobre o anonimato: Se estiver a conduzir conversas telefónicas sensíveis ou a enviar mensagens SMS sensíveis, tenha cuidado com a "caraterística" de rastreio acima referida de todos os telemóveis. Considere adotar os passos abaixo:

- Faça chamadas de locais diferentes de cada vez e escolha locais que não estejam associados a si.

- Mantenha o telemóvel desligado, com a bateria desconectada, dirija-se ao local escolhido, ligue o telemóvel, comunique, desligue o telemóvel e desconecte a bateria. Se o fizer habitualmente, sempre que tiver de efetuar uma chamada, a rede não poderá seguir os seus movimentos.

- Mude frequentemente de telemóvel e de cartão SIM. Alterne-os entre amigos ou no mercado de segunda mão.

- Utilize cartões SIM pré-pagos não registados, se tal for possível na sua área. Evite pagar um telefone ou cartões SIM com um cartão de crédito, o que também criará uma ligação entre estes artigos e o utilizador.

Sobre a escuta: O telemóvel pode ser configurado para gravar e transmitir quaisquer sons dentro do alcance do seu microfone sem o seu conhecimento. Alguns telemóveis podem ser ligados remotamente e colocados em ação desta forma, mesmo quando parecem estar desligados.

- Nunca permita que pessoas em quem não confia tenham acesso físico ao seu telemóvel; esta é uma forma comum de instalar software de espionagem no seu telemóvel.
- Se estiver a realizar reuniões privadas e importantes, desligue o telemóvel e retire a bateria. Ou não leve o telemóvel consigo se o puder deixar num local absolutamente seguro.
- Certifique-se de que qualquer pessoa com quem comunique também utiliza as salvaguardas aqui descritas.
- Além disso, não se esqueça de que a utilização do telemóvel em público ou em locais em que não confia o torna vulnerável às técnicas tradicionais de escuta ou ao roubo do telemóvel.

Sobre a interceção de chamadas: Normalmente, a encriptação das comunicações vocais (e das mensagens de texto) que circulam através da rede de telemóveis é relativamente fraca. Existem técnicas pouco dispendiosas que podem ser utilizadas por terceiros para intercetar as suas comunicações escritas ou para ouvir as suas chamadas, se estiverem perto do telefone e puderem receber as suas transmissões. E, claro, os fornecedores de telemóveis têm acesso a todas as suas comunicações de voz e de texto. Atualmente, é dispendioso e/ou um pouco complicado do ponto de vista técnico encriptar as chamadas telefónicas para que nem mesmo o fornecedor de serviços de telefonia móvel possa escutar - no entanto, espera-se que estas ferramentas se tornem mais baratas em breve. Para utilizar a encriptação, terá primeiro de instalar uma aplicação de encriptação no seu telemóvel, bem como no dispositivo da pessoa com quem pretende comunicar. Em seguida, utilizará esta aplicação para enviar e receber chamadas e/ou mensagens encriptadas. Atualmente, o software de encriptação só é suportado por alguns modelos dos chamados telemóveis "inteligentes". As conversas entre o Skype e os telemóveis também não são encriptadas, uma vez que, a dada altura, o sinal passa para a rede móvel, onde a encriptação NÃO está implementada[26] . A utilização da Internet através do seu smartphone, através de ligações de dados móveis ou WiFi, pode proporcionar formas mais seguras de comunicar com as pessoas, nomeadamente utilizando *VoIP* e empregando meios para proteger este canal de comunicação. Algumas ferramentas para smartphones podem mesmo alargar parte desta segurança para além do VoIP, também às chamadas telefónicas móveis (ver **Redphone** abaixo).

Aqui listamos algumas ferramentas e os seus prós e contras:

Skype

A aplicação VoIP comercial mais popular, o *Skype,* está disponível para todas as plataformas de smartphones e funciona bem se a sua ligação sem fios for fiável. É menos fiável em ligações de dados móveis.

O Skype é um software que não é de código aberto, o que torna muito difícil confirmar de forma independente o seu nível de segurança. Além disso, o Skype é propriedade da Microsoft, que tem um interesse comercial em saber quando e de onde o utilizador utiliza o Skype. O Skype também pode permitir que as autoridades policiais tenham acesso retrospetivo a todo o seu histórico de comunicações.

Outras ferramentas VoIP

A utilização da VoIP é geralmente gratuita (ou significativamente mais barata do que as chamadas de telemóvel) e deixa poucos vestígios de dados. De facto, uma chamada VoIP segura pode ser a forma mais segura de comunicar.

O RedPhone é uma aplicação de Software Livre e de Código Aberto que encripta os dados de comunicação de voz enviados entre dois dispositivos que executam esta aplicação. É fácil de instalar e muito fácil de utilizar, uma vez que se integra no seu esquema normal de marcação e contacto. Mas as pessoas com quem quer falar também precisam de instalar e utilizar a RedPhone. Para facilitar a utilização, o RedPhone utiliza o seu número de telemóvel como forma de o identificar junto dos seus contactos. Infelizmente, isto torna mais difícil a utilização do RedPhone sem um plano de serviço móvel em funcionamento, mesmo em dispositivos capazes de utilizar WiFi para se ligarem à Internet. A RedPhone também utiliza um servidor central, o que coloca os administradores do serviço numa posição de poder, permitindo-lhes ver muitos dos meta-dados relacionados com as suas chamadas VoIP encriptadas.
O CSipSimple é um poderoso cliente VoIP para telemóveis Android que é bem mantido e vem com muitos assistentes de configuração fáceis para diferentes serviços VoIP.

A Open Secure Telephony Network (OSTN) e o servidor fornecido pelo projeto Guardian, **ostel.co**, oferecem atualmente um dos meios mais seguros para comunicar por voz. Conhecer e confiar na entidade que opera o servidor para as suas necessidades de comunicação VoIP é uma consideração importante.

Ao utilizar o CSipSimple, nunca comunica diretamente com o seu contacto, em vez disso, todos os seus dados são encaminhados através do servidor Ostel. Isto torna muito mais difícil rastrear os seus dados e descobrir com quem está a falar. Além disso, Ostel não retém nenhum destes dados, exceto os dados da conta de que necessita para iniciar sessão. Todo o seu discurso é encriptado de forma segura e até mesmo os seus metadados, que são normalmente muito difíceis de disfarçar, são ocultados, uma vez que o tráfego é feito através do servidor ostel.co. Se descarregar o CSipSimple a partir de ostel.co, este também vem pré-configurado para utilização com ostel, o que o torna muito fácil de instalar e utilizar.

Os guias de ferramentas para CSipSimple e Ostel.co estão a ser preparados. Entretanto, podem ser obtidas mais informações através das hiperligações acima.

12.2.3.2 Enviar mensagens de forma segura

Deve tomar precauções ao enviar SMS e ao utilizar mensagens instantâneas ou conversas no seu smartphone.

SMS

A comunicação por SMS é insegura por defeito. Qualquer pessoa com acesso a uma rede de telecomunicações móveis pode intercetar facilmente estas mensagens e isto é uma ocorrência diária em muitas situações. Não confie no envio de mensagens SMS não seguras em situações críticas. Também não existe qualquer forma de autenticar as mensagens SMS, pelo que é impossível saber se o conteúdo de uma mensagem foi alterado durante a entrega ou se o remetente da mensagem é realmente a pessoa que diz ser.

O TextSecure é uma ferramenta *FOSS* para enviar e receber SMS seguros em telemóveis Android. Funciona tanto para mensagens encriptadas como não encriptadas, pelo que pode utilizá-la como aplicação SMS predefinida. Para trocar mensagens encriptadas, esta ferramenta tem de ser instalada tanto pelo remetente como pelo destinatário de uma mensagem, pelo que terá de fazer com que as pessoas com quem comunica regularmente também a utilizem. O TextSecure detecta automaticamente quando uma mensagem encriptada é recebida de outro utilizador do TextSecure. Também lhe permite enviar mensagens encriptadas para mais do que uma pessoa. As mensagens são assinadas automaticamente, tornando quase impossível adulterar o conteúdo de uma mensagem. No nosso guia prático do TextSecure, explicamos em pormenor as funcionalidades desta ferramenta e como utilizá-la.

Conversa segura

As mensagens instantâneas e as conversas no telemóvel podem produzir muitas informações que correm o risco de ser interceptadas. Estas conversas podem ser utilizadas contra si por adversários numa data posterior. Por

conseguinte, deve ter muito cuidado com o que revela quando está a escrever no seu telefone enquanto troca mensagens instantâneas e conversa.
Existem formas de conversar e enviar mensagens instantâneas de forma segura. A melhor forma é utilizar a encriptação de ponta a ponta, uma vez que isso lhe permitirá certificar-se de que a pessoa do outro lado é quem deseja.

Recomendamos o ChatSecure como uma aplicação de conversação de texto segura para os telemóveis Android. O ChatSecure oferece uma encriptação fácil e forte para as suas conversas com o protocolo de mensagens *fora de registo*. Esta encriptação proporciona autenticidade (pode verificar se está a conversar com a pessoa certa) e a segurança independente de cada sessão, pelo que, mesmo que a encriptação de uma sessão de conversação seja comprometida, as outras sessões passadas e futuras permanecerão seguras.

O ChatSecure foi concebido para trabalhar em conjunto com o Orbot, pelo que as suas mensagens de conversação podem ser encaminhadas através da rede de anonimato *Tor*. Isto faz com que seja muito difícil rastreá-lo ou mesmo descobrir que ele aconteceu.
Para iPhones, o cliente **ChatSecure** oferece as mesmas funcionalidades, embora não seja fácil utilizá-lo com a rede *Tor*.

Qualquer que seja a aplicação que utilize, tenha sempre em conta a conta que utiliza para conversar. Por exemplo, quando utiliza o Google Talk, as suas credenciais e a hora da sua sessão de conversação são conhecidas pelo Google. Combine também com os seus parceiros de conversação não guardar históricos de conversação, especialmente se não estiverem encriptados.

12.2.3.3 Armazenamento de informações no seu smartphone

Os smartphones são fornecidos com grandes capacidades de armazenamento de dados. Infelizmente, os dados armazenados no seu dispositivo podem ser facilmente acedidos por terceiros, quer remotamente quer com acesso físico ao telefone. Pode tomar medidas para encriptar qualquer informação sensível no seu telemóvel, utilizando ferramentas específicas.

Ferramentas de encriptação de datas

O **Android Privacy Guard (APG)** permite a encriptação OpenGPG para ficheiros e e-mails. Pode ser utilizado para manter os seus ficheiros e documentos seguros no seu telemóvel, bem como quando envia mensagens de correio eletrónico.

Gravar a palavra-passe de forma segura

Pode guardar todas as suas palavras-passe necessárias num ficheiro seguro e encriptado utilizando o **Keepass**. Só terá de se lembrar de uma palavra-passe principal para aceder a todas as outras. Com o Keepass, pode utilizar palavras-passe muito fortes para cada conta que tiver, uma vez que o Keepass se lembrará delas por si, e também inclui um gerador de palavras-passe para criar novas palavras-passe. Pode sincronizar as bases de dados de palavras-passe do Keepass entre o seu telemóvel e o seu computador. Recomendamos que sincronize apenas as palavras-passe que irá realmente utilizar no seu telemóvel. Pode criar uma base de dados de palavras-passe mais pequena separada no computador e sincronizá-la em vez de copiar uma base de dados inteira com todas as palavras-passe que utiliza para o seu smartphone. Além disso, uma vez que todas as palavras-passe são protegidas pela sua palavra-passe mestra, é vital utilizar uma palavra-passe muito forte para a sua base de dados Keepass.

12.2.3.4 Enviar correio eletrónico a partir do seu smartphone

Nesta secção, discutiremos brevemente a utilização do correio eletrónico nos smartphones. Em primeiro lugar, considere se precisa mesmo de utilizar o seu smartphone para aceder ao seu correio eletrónico. Proteger um computador e o seu conteúdo é geralmente mais simples do que fazê-lo para um dispositivo móvel como um smartphone. Um smartphone é mais suscetível de ser roubado, monitorizado e invadido.

Se é absolutamente vital que aceda ao seu correio eletrónico através do seu smartphone, há medidas que pode tomar para minimizar os riscos.

- Não confie no smartphone como principal meio de acesso ao seu correio eletrónico. Não é aconselhável descarregar (e remover) mensagens de correio eletrónico de um servidor de correio eletrónico e armazená-las apenas no seu smartphone. Pode configurar a sua aplicação de correio eletrónico para utilizar apenas cópias de mensagens de correio eletrónico.
- Se utiliza a encriptação de correio eletrónico com alguns dos seus

contactos, considere a possibilidade de a instalar também no seu smartphone. A vantagem adicional é que os e-mails encriptados permanecerão secretos se o telemóvel cair em mãos erradas.

Armazenar a sua chave de encriptação privada no seu dispositivo móvel pode parecer arriscado. Mas a vantagem de poder enviar e armazenar mensagens de correio eletrónico encriptadas de forma segura no dispositivo móvel pode superar os riscos. Considere a possibilidade de criar um par de chaves de encriptação apenas para dispositivos móveis (utilizando **APG**) para utilizar no seu smartphone, para que não copie a sua chave privada de encriptação do seu computador para o dispositivo móvel. Note que isto requer que peça às pessoas com quem comunica que também encriptem os e-mails utilizando a sua chave de encriptação apenas para dispositivos móveis.

12.2.3.5 Capturar multimédia com o seu smartphone

Capturar imagens, vídeo ou áudio com o seu Smartphone pode ser um meio poderoso para documentar e partilhar eventos importantes. No entanto, é importante ter cuidado e respeitar a privacidade e a segurança das pessoas fotografadas, filmadas ou registadas. Por exemplo, se tirar fotografias ou gravar vídeo ou áudio de um evento importante, pode ser perigoso para si ou para as pessoas que aparecem nas gravações, se o seu telemóvel cair nas mãos erradas. Neste caso, estas sugestões podem ser úteis:

- Ter um mecanismo para carregar em segurança os ficheiros multimédia gravados para uma localização online protegida e removê-los do telemóvel instantaneamente (ou logo que possível) após a gravação.
- Utilizar ferramentas para desfocar os rostos das pessoas que aparecem nas imagens ou vídeos ou distorcer as vozes das gravações de áudio ou vídeo e armazenar apenas cópias desfocadas e distorcidas dos ficheiros multimédia no seu dispositivo móvel.
- Proteger ou remover meta informações sobre a hora e o local nos ficheiros multimédia. **O Guardian Project** criou uma aplicação *FOSS* chamada **ObscuraCam** para detetar rostos em fotografias e desfocá-los. É possível escolher o modo de desfocagem e o que desfocar, claro. A ObscuraCam também apaga as fotos originais e, se tiver configurado um servidor para carregar os ficheiros multimédia capturados, oferece uma funcionalidade fácil para o fazer.

12.2.3.6 Aceder à Internet de forma segura a partir do seu smartphone

Tal como referido no nosso guia **Como manter a privacidade das suas comunicações na Internet** e no nosso guia **Como manter o anonimato e contornar a censura na Internet**, o acesso a conteúdos na Internet ou a publicação de material em linha, como fotografias ou vídeos, deixa muitos vestígios de quem é, onde está e o que está a fazer. Isto pode colocá-lo em risco. A utilização do seu smartphone para comunicar com a Internet aumenta este risco.

Através de Wi-Fi ou dados móveis

Os smartphones permitem-lhe controlar a forma como acede à Internet: através de uma ligação sem fios fornecida por um ponto de acesso (como um cibercafé) ou através de uma ligação de dados móvel, como GPRS, EDGE ou UMTS, fornecida pelo seu operador de rede móvel.

A utilização de uma ligação WiFi reduz os vestígios de dados que pode estar a deixar junto do seu fornecedor de serviços de telemóvel (por não estar ligado à sua assinatura de telemóvel). No entanto, por vezes, uma ligação de dados móveis é a única forma de ficar online. Infelizmente, os protocolos de ligação de dados móveis (como EDGE ou UMTS) não são normas abertas. Os programadores independentes e os engenheiros de segurança não podem examinar estes protocolos para ver como estão a ser implementados pelas operadoras de dados móveis.

Em alguns países, os fornecedores de acesso móvel funcionam ao abrigo de uma legislação diferente da dos fornecedores de serviços Internet, o que pode resultar numa vigilância mais direta por parte dos governos e das operadoras.

Independentemente do caminho que escolher para as suas comunicações digitais com um smartphone, pode reduzir os riscos de exposição de dados através da utilização de ferramentas de anonimização e encriptação.

Anonimato do seu Smartphone

Para aceder a conteúdos online de forma anónima, pode utilizar uma aplicação para Android chamada **Orbot**. A Orbot canaliza a sua comunicação na Internet através da rede de anonimato Tor.

Outra aplicação, o Orweb, é um navegador Web que possui funcionalidades que melhoram a privacidade, como a utilização de proxies e a não manutenção de um histórico de navegação local. Em conjunto, o Orbot e o

Orweb contornam os filtros Web e as firewalls e permitem uma navegação anónima.

Proxies

A versão móvel do *Firefox* - **Firefox mobile** pode ser equipada com add-ons de proxy, que direcionam o seu tráfego para um servidor proxy. A partir daí, o seu tráfego vai para o sítio que está a pedir. Isto é útil em casos de censura, mas pode revelar os seus pedidos, a menos que a ligação do seu cliente ao proxy seja encriptada. Recomendamos o complemento **Proxy Mobile** (também do **Guardian Project**), que facilita o proxy com o Firefox. É também a única maneira de canalizar as comunicações móveis do Firefox para o Orbot e usar a rede *Tor.*

12.2.3.7Segurança avançada para telemóveis inteligentes

Obter acesso total ao seu smartphone

A maioria dos smartphones tem capacidade para mais do que o seu sistema operativo instalado, o software do fabricante (firmware) ou os programas dos operadores móveis permitem. Por outro lado, algumas funcionalidades estão "bloqueadas", pelo que o utilizador não é capaz de controlar ou alterar essas funções, ficando fora do seu alcance. Na maioria dos casos, essas funcionalidades são desnecessárias para os utilizadores de smartphones. Existem, no entanto, algumas aplicações e funcionalidades que podem aumentar a segurança dos dados e das comunicações num smartphone. Além disso, existem outras funcionalidades que podem ser removidas para evitar riscos de segurança.

Por esta e outras razões, alguns utilizadores de smartphones optam por manipular os vários softwares e programas que executam o smartphone, a fim de obter privilégios adequados que lhes permitam instalar funcionalidades melhoradas, ou remover ou reduzir outras.

O processo de ultrapassar os limites impostos pelas operadoras móveis ou pelos fabricantes de sistemas operativos num smartphone chama-se rooting (no caso de dispositivos Android) ou jailbreaking (no caso de dispositivos iOS, como o iPhone ou o iPad). Normalmente, se o processo de rooting ou jailbreaking for bem sucedido, o utilizador terá todos os privilégios necessários para instalar e utilizar aplicações adicionais, fazer modificações em configurações que, de outra forma, estariam bloqueadas e ter controlo total sobre o armazenamento de dados e a memória do smartphone.

AVISO: Fazer o root ou jailbreak pode não ser um processo reversível e requer experiência com a instalação e configuração de software. Considere o seguinte:

- Existe o risco de tornar o seu smartphone permanentemente inoperacional ou de o "bricar" (ou seja, transformá-lo num "tijolo").
- A garantia do fabricante ou da operadora móvel pode ser anulada.
- Em alguns locais, este processo pode ser ilegal.

Mas se tiver cuidado, um dispositivo com root é uma forma simples de obter mais controlo sobre o seu smartphone para o tornar muito mais seguro.

Firmwares alternativos

O firmware refere-se a programas que estão intimamente relacionados com um determinado dispositivo. Cooperam com o sistema operativo do aparelho e são responsáveis pelas operações básicas do hardware do seu smartphone, como o altifalante, o microfone, as câmaras, o ecrã tátil, a memória, as teclas, as antenas, etc.

Se tiver um dispositivo Android, pode considerar a instalação de um firmware alternativo para aumentar ainda mais o seu controlo sobre o telefone. Tenha em atenção que, para instalar um firmware alternativo, é necessário fazer o root no telemóvel.

Um exemplo de um firmware alternativo para um telemóvel Android é o **Cyanogenmod** que, por exemplo, permite desinstalar aplicações do nível de sistema do telemóvel (ou seja, as instaladas pelo fabricante do telemóvel ou pelo seu operador de rede móvel). Ao fazê-lo, pode reduzir o número de formas de monitorização do seu dispositivo, como os dados que são enviados ao seu fornecedor de serviços sem o seu conhecimento.

Além disso, o Cyanogenmod é fornecido por defeito com uma aplicação OpenVPN, que pode ser entediante de instalar de outra forma. A VPN (Virtual Private Network - Rede Privada Virtual) é uma das formas de fazer um proxy seguro da sua comunicação na Internet (ver abaixo).

O Cyanogenmod também oferece um modo de navegação anónima em que o histórico das suas comunicações não é registado no seu smartphone.

Encriptação total do dispositivo

Se o seu telemóvel estiver enraizado, pode considerar encriptar todo o armazenamento de dados ou criar um volume no Smartphone para proteger algumas informações no telemóvel.

O Luks Manager permite uma encriptação forte de volumes fácil e imediata com uma interface de fácil utilização. Recomendamos vivamente que instale esta ferramenta antes de começar a armazenar dados importantes no seu dispositivo Android e utilize os volumes encriptados que o Luks Manager fornece para armazenar todos os seus dados.

Segurança da rede privada virtual (VPN)

Uma VPN fornece um túnel encriptado através da Internet entre o seu dispositivo e um servidor VPN. Chama-se túnel porque, ao contrário de outro tráfego encriptado, como o https, oculta todos os serviços, protocolos e conteúdos. Uma ligação VPN é estabelecida uma vez e só termina quando o utilizador decidir.

CONCLUSÃO DO LIVRO

Domínio da cibersegurança: From Fundamentals to Advanced Techniques fornece uma exploração completa da cibersegurança, colmatando a lacuna entre conceitos fundamentais e práticas avançadas. Ao terminar este livro, o leitor deverá sentir-se capacitado com uma sólida compreensão do panorama da cibersegurança, desde os princípios básicos até às técnicas sofisticadas. A viagem ao longo do livro dota-o dos conhecimentos e ferramentas necessários para navegar e combater eficazmente as ciberameaças. Lembre-se de que a cibersegurança é um domínio em constante evolução, e manter-se informado e adaptável é fundamental para manter defesas robustas. Com os conhecimentos e as competências práticas adquiridos com este livro, está agora mais bem preparado para proteger ambientes digitais, responder a ameaças emergentes e contribuir para um ciberespaço mais seguro. Quer esteja apenas a começar ou pretenda aperfeiçoar os seus conhecimentos, os princípios e práticas aqui abordados servirão como uma base sólida para o seu percurso contínuo na cibersegurança.

REFERÊNCIAS / BIBLIOGRAFIA

1) Barry M. Leiner, V. G. (s.j.). *Breve história da Internet.* Onttrek Dec. 20, 2015 uit http://www.internetsociety.org/internet/what-internet/history- internet/brief-history-internet disponível sob a licença Creative Commons Attribution- NonCommercial-ShareAlike 3.0 Unported.

2) Bunting, S., & Wei, W. (2006). *The Official EnCE: EnCase Certified ExaminorStudy Guide.*

3) Chander, M. (2013). *Centro Nacional de Proteção das Infra-estruturas Críticas de Informação (NCIIPC): Role, Charter & Responsibilities.*

4) Chowdhury, S., Nair, S., & Johnson. (2008). *O curioso caso de Ken Haywood.* The Indian Express.

5) Cone, M. (2011, 17 de dezembro). *Como configurar o firewall do seu Mac.* Onttrek Oct. 24, 2015 uit MACINSTRUCT: http://www.macinstruct.com/node/165 disponível sob a licença Creative Commons Attribution-NonCommercial-ShareAlike 3.0 Unported.

6) Farberov, S. (2014). *Hackers russos atacaram o sistema financeiro dos EUA roubando gigabytes de dados em suspeita de retaliação pelas sanções à Ucrânia.* Mail Online.

7) Fisher, M. (2013). *Hackers sírios reivindicam a pirataria informática da AP que fez cair a bolsa em 136 mil milhões de dólares. Será terrorismo?* The Washington Post.

8) Gallagher, S. (2013, out. 02). *We are not who we are.* Onttrek Sep. 26, 2015 uit Blogue de segurança: https://securityblog.redhat.com/tag/two-fator- authentication/ disponível sob uma licença Creative Commons Attribution-ShareAlike 3.0 Unported.

9) Glass, E. (2003). *O protocolo de autenticação NTLM e o provedor de suporte de segurança.* Onttrek Sep. 26, 2015 uit Sourceforge: http://davenport.sourceforge.net/ntlm.html disponível sob permissão do proprietário para usar, copiar, modificar e distribuir este documento para qualquer finalidade e sem qualquer taxa.

10) Gollin, G. (2003). *Diplomas Universitários Não Convencionais de Vendedores Online: Comprar uma universidade de doutoramento que*

não existe.

11) *Como posso saber se um sítio Web é seguro?* (2015, Out.). Onttrek Oct. 29, 2015 uit ccm.net: http://ccm.net/faq/2-how-do-i-know-if-a-website-is-secure disponível sob a licença Creative Commons Attribution - NonCommercial - ShareAlike 3.0 France.

12) *Como é que funciona.* (2010, Jan. 17). Onttrek Sep. 26, 2015 uit Wikidot: http://pychatter.wikidot.com/how-it-works disponível sob a licença Creative Commons Attribution- NonCommercial-ShareAlike 3.0.

13) *Como escolher um navegador de Internet.* (s.j.). Onttrek Oct. 29, 2015 uit WikiHow: http://www.wikihow.com/Choose-an-Internet-Browser disponível sob uma Licença Creative Commons Atribuição-Não-Comercial-CompartilhaIgual 3.0

14) *Como limpar a cache do seu navegador.* (sj.). Onttrek Oct. 29, 2015 uit WikiHow: http://www.wikihow.com/Clear-Your-Browser%27s-Cache disponível sob uma Licença Creative Commons Atribuição-Não-Comercial-CompartilhaIgual 3.0

MIX
Papier aus verantwortungsvollen Quellen
Paper from responsible sources
FSC® C105338

FSC
www.fsc.org

Printed by Books on Demand GmbH, Norderstedt / Germany